Ulrich Land

Michel B. verzettelt sich

Ulrich Land geboren 1956 in Köln. Freier Autor seit 1987. Veröffentlichte mehrere Romane (u. a. ›Lolitas späte Rache‹). Darüber hinaus Lyrik, Prosa, Essays und fast hundert Hörspiele und Radiofeatures. Herausgeber von Anthologien und von Literaturzeitschriften. Dozent für ›creative writing‹ u. a. an der Uni Witten/Herdecke. Mehrere Auszeichnungen: u. a. Kölner Medienpreis; mehrfach Hörspiel-Stipendien der Filmstiftung NRW und des nordrhein-westfälischen Kulturministeriums.

Ulrich Land

Michel B. verzettelt sich

Eifeler Ermittlungen eines Enkels

Roman mit O-Tönen

KBV EDITION EYFALIA

Originalausgabe

www.kbv-verlag.de
E-Mail: info@kbv-verlag.de
Telefon: 0 65 93 - 998 96-0
Fax: 0 65 93 - 998 96-20
Umschlaggestaltung: Ralf Kramp
unter Verwendung von: © Giuseppe Porzani
und © mihalyandrea - www.fotolia.de
Lektorat: Nicola Härms, Rheinbach
Druck: CPI books, Ebner & Spiegel GmbH, Ulm
Printed in Germany
ISBN 978-3-95441-328-7

Die im Roman enthaltenen O-Töne
sind als dreißig Jahre alte Interviewauszüge
auf der Website der Edition Eyfalia
unter www.kbv-verlag.de nach- und mitzuhören.

1

»Ich hab Sie, glaub ich, nicht richtig verstanden«, murmelte mein Onkel in den Hörer, »Sie rufen weshalb an?«

»Wie gesagt, ich bin Ihre Schwester«, flötete es durchs Kabel.

Obwohl sich die Vorboten seines Parkinsons damals eher noch zurückhielten, wurde Hans-Michel Becker, mein Onkel, von heftigem Zittern attackiert, sodass er den Telefonhörer mit aller Gewalt gegens Ohr pressen musste, um nicht Gefahr zu laufen, dass das Geklapper seiner Hand ihn am andern Ende der Leitung verraten würde. Dass indes die gepresste Haltung sich auf die Tonlage seiner Stimme auswirken und ihn damit desgleichen ans Messer der Blamage liefern müsse, kam ihm in seiner Verzweiflung nicht in den Sinn. Sein »Moment mal« glitt jedenfalls keineswegs geschmeidig und souverän in den Hörer, sondern zerstob in stammelnde Bruchstücke.

»Das mag Sie irritieren, aber's nützt alles nichts«, ließ der Hörer mit durchaus freundlicher, mit gradezu lächelnder Stimme verlauten.

»Meine Schwester heißt Ursula«, sagte er schroff, »meine Halbschwester.«

»Dann sind wir also drei im Bunde.«

»Könnten Sie sich vielleicht ein bisschen genauer erklären?!« Rhetorische Frage. Und nicht mal das. Was viel eher der Erklärung bedurfte, war die Tatsache, dass ihn dieser Frontalangriff derart aus der Fassung bringen konnte, wo er doch seit Jahren damit hätte rechnen müssen.

»Drei Halbgeschwister«, resümierte amüsiert die Frauenstimme, »alle vom gleichen Samenspender.«

Ein Tonfall, der nicht so ganz den Humor meines Onkels traf. »Hoppla, Sie sprechen von meinem Vater.«

»Und von meinem.«

»Das kann schließlich jeder behaupten«, hielt Hans-Michel Becker sich auf Distanz.

»Jeder?«, lächelte es aus dem Telefonhörer. »So viele fragliche Fälle?«

»Hören Sie«, knurrte mein Onkel, »ich, ehm, möchte an dieser Stelle das Gespräch mit Ihnen beenden. Ich habe nicht vor, meine Verwandtschaftskreise zu erweitern, und ich möchte Sie bitten …«

»Ich dagegen möchte mich mit Ihnen treffen.«

»Damit Sie klar sehen, ganz klar sehen«, schallte es jetzt in geradezu notariellem Duktus in den Hörer, »es gibt nichts zu erben. Nichts, was Erbschleicherei-Bemühungen gleich welcher Art rechtfertigen würde. Nichts außer Schulden. Und die hab ich im zarten Alter von nicht mal dreißig für ihn abbezahlt. Auf Heller und auf Pfennig. Das Einzige, was es gibt, ist ein Stapel Bücher aus seiner Feder. Von denen ich nur wenige gelesen habe. Und ich muss Ihnen sagen: Es war keine Offenbarung. So, und nun bitte ich Sie, sich aus der Leitung zu schleichen!«

»Die Erbschaft interessiert mich nicht. Mich interessieren meine Geschwister.«

»Ein Interesse, das ich, wie gesagt, in Ihrem Fall nicht erwidern kann. Ich weiß von Ihrer Existenz nichts. Und dabei soll's auch bleiben.«

»Auch Regine, der Name meiner Mutter sagt Ihnen nichts?«

»Nicht das Geringste«, brummte mein Onkel.

Aber da hatte die Stimme in der Hörermuschel schon begonnen, weit ausholend, von der Mutter zu erzählen, die ihr kürzlich auf dem Sterbebett – wodurch sich mein Onkel immerhin zu einem »Herzliches Beileid« hinreißen ließ –, die ihr auf dem Sterbebett eine, nein, *die* Lüge ihres Lebens gestanden habe. Jetzt endlich mit sechsundvierzig Jahren habe sie also erfahren, dass der Vater nicht im Krieg gefallen sei. »Jahrzehntelang war mein Vater ›tot‹, hat nie gelebt«, kam es durchs Telefon gekrochen, »und wie meine Mutter im Sterben liegt und ums letzte Quäntchen Luft ringt, da fängt sie plötzlich an zu plaudern. Faselt irgendwas von wegen meinem Vater, der ein übler Filou gewesen sei. Dass sie nicht im Entferntesten wisse, was aus ihm geworden sei. Dass es da aber noch andere, eheliche Nachfahren von diesem Michel B. geben müsse. Bruder und vielleicht sogar Schwester. Gehauchte Sätze nur, dünn wie Spinnfäden. Aber Andeutung genug, um Sie aufzutreiben, wie Sie sehen.«

Und dann spulte sie die ausladende Geschichte einer endlosen Adressenrecherche ab. »Staub schlucken im

Stadtarchiv, Adressbücher wälzen, durchforsten staubiger Zettelkästen der Kölner Uni-Bibliothek und des Kolpingvereins – und irgendwann dann hatte ich Sie. Oder dich. – Gestatten: Luisa. Unter Geschwistern duzt man sich. Nicht wahr?«

»Ich werd den Teufel tun.«

»Den Teufel?«, grinste Luisa. Was mein Onkel zum Anlass nahm aufzulegen.

Nur, weil meine Mutter, besagte Halbschwester, nicht dichthalten konnte, erfuhr ich überhaupt von dieser »Dritten im Bunde«.

O-Ton 1:

Hans-Michel Becker und seine Frau Hildegard, beide inzwischen verstorben

Hans-Michel:	*Ja, da war mal irgendeine.*
Hille:	*Wurd nicht viel drüber geredet.*
Hans-Michel:	*Ich hatte ja noch nie was von einer weiteren Schwester gehört. – Ich will das also bei meinem Vater nicht ausschließen.*
Hille:	*Deswegen wolltest du's auch eigentlich – wolltest es ...*
Hans-Michel:	*Ja nee, ich hab das hingenommen, nicht?*
Hille:	*Hast auch mit mir da nicht groß drüber gesprochen; ich weiß gar nichts.*

Hans-Michel: *Nee, ich ... ja, es ist also komisch für einen erwachsenen Menschen, wenn er, was weiß ich, sechzig ist und kriegt auf einmal eine Schwester präsentiert. Soll ich jetzt hingehen und sagen: So, komm her, wir zwei machen jetzt gemeinsame Ahnenforschung, vielleicht kriegen wir noch ein paar weitere dazu?!*

Ich trete auf der Stelle, greife zur Fiktion. Versuche mir auszumalen, was mein Großvater selbst zum späten Aufleuchten eines seiner manifesten Sündenmale in Gestalt einer außerehelichen Tochter gesagt hätte. Wäre er damals noch unter uns gewesen, hätte er sich womöglich mit meiner frisch geouteten »Tante« und mir, seinem Enkel, der ich doch – meiner Mutter zufolge – so sehr nach seiner Art geraten sein soll, getroffen. Wir hätten Kaffee-Cognac gekippt, und er hätte sich laut prustend lustig gemacht über seinen größten Schelmenstreich: die leidige Schriftstellerei! Und schließlich wären wir alle drei so breit gewesen wie 'n Bierdeckel. Schade, dass mir das aufgrund der Ungnade meiner späten Geburt nicht gegeben war.

So blättre ich gedankenverloren durch eine vergilbte Gedichtsammlung des damals sechsundzwanzigjährigen Michel Becker, das ein Jahr vor der Geburt seines Erstgeborenen Hans-Michel erschien.

»An meinen Sohn

Ich trage schwer an meinem Durst nach dir,
in mir das ungestüme wilde Meer
lässt meine Werke sich nicht ausgebären –
erst wenn sein Wasser leis durch mich
in dich verfloss, wird es ein Großes sein.

Ich habe selbst zu viel ertragen müssen,
und meine Reinheit ward zu sehr getrübt,
als dass sie jemals mich die Botschaft,
um die ich kam und rang – und litt,
erfüllen ließ – nun komme du!

Ich stehe in der Nacht – mein Sohn – und rufe dich,
wie man in Täler ruft des Echos wegen,
mein Sohn wird einmal Fleisch von meinem Fleisch,
bevor es an der Unkraft stirbt.«

Fünf Jahre nach Hans-Michels Geburt gebar Michel Beckers zweite Frau Käthe ihm eine Tochter: Ursula Juliane, meine Mutter.

2

Ebenso unvermittelt wie die unbekannte Schwester meines Onkels stand Jahrzehnte zuvor ein Bursche im Vorgarten des Eifelhäuschens, das mein Großvater und seine kleine Familie Ende der Dreißigerjahre bewohnten. Stand plötzlich da. Einfach so. Wie aus dem Erdboden geschossen. Und wartete. Wartete, dass Michel B. rein- oder rauskommen würde. Heinz Steguweit. Im Gepäck die Erinnerungslast jener grauenhaften Episode aus jungen Jahren, aus gemeinsamen jungen Jahren. Bleischwere Todesschuld eines Federchens. Vielleicht der Grund für die miserable Haltung meines Großvaters, die Last, die seinen Buckel rund und runder drückte. Die plötzlich knallhart wieder da war. Im Vorgarten Position bezogen hatte. Einfach so.

Kann sein, dass Steguweit angelockt oder zumindest wieder auf ihn aufmerksam wurde, weil sich Michel B. an die Gauleitung der Reichsschrifttumskammer gewandt hatte.

O-TON 2:

Ursula Land, geb. Becker, Tochter von Käthe und Michel Becker, meine Mutter, 2001 verstorben

Er ist nie in der Reichsschrifttumskammer aufjenommen worden. Den Antrag auf Aufnahme jestellt, ja, das hat er in jedem Fall gemacht. Das weiß ich. Das war wohl auch notwendig, um leben zu können. Weil er sonst kein Einkommen hatte. Wahrscheinlich haben sie ihn auch auf die Liste unerwünschter Autoren jesetzt. Zum Beispiel hatte er ja im Rundfunk – ein paar Sachen sind da mal jebracht worden von ihm, un der Rundfunk hat ihn dann nie mehr anjenommen.

Als Michel B. jedoch seinen Aufnahmeantrag stellte, war, was er weder wusste noch ahnte, kein anderer zum Landesleiter der Reichsschrifttumskammer für den Gau Köln-Aachen avanciert als eben Heinz Steguweit: Dichterkollege und Saufkumpan aus früheren Tagen, der, wie gesagt, eine höchst unangenehme Erinnerungslast im Gepäck hatte. Und jetzt wie ein Gartenzwerg im Vorgarten Position bezogen hatte, bis Michel B. irgendwann auftauchte und sich plötzlich konfrontiert sah mit dieser vertrackten Begebenheit. Deren Anfang zumindest muss er seiner früh verstorbenen ersten Frau – der Mutter meines Onkels, der er damals noch den Hof machte – brühwarm aufgetischt haben. Immerhin unternahm man die ersten Gehversuche in Sachen wilder Ehe, und der erste Teil der Geschichte mochte ihm geeignet erscheinen, bei der düpierten Verlobten mildernde Umstände für sein wieder mal nächtliches Ausbleiben geltend zu machen.

Und weil es so schön war, hat er sich's auch bei seiner späteren Käthe nicht verkniffen, die Anfangskapitel der Episode auszuplaudern. Mit einer Lebendigkeit, als wär's gestern gewesen. Und derart oft, dass durchaus geargwöhnt werden darf, es könnte irgendetwas faul damit sein. Zumindest erhoben sich berechtigte Zweifel, ob die muntere Story vollständig wiedergegeben wurde. Wie auch immer, auf alle Fälle passte die Geschichte auch meiner Mutter bestens in den Kram, entsprach diese doch aufs Trefflichste dem Großvaterbild, das sie mir in die Schädeldecke meißeln wollte.

Michel B. jedenfalls soll sich noch in seinen Kölner Jahren mit Heinz Steguweit und Otto Brües – Schriftstellerkollegen, die beide später, Jahre später, stramme Nazis wurden – und einem namentlich nicht genannten Österreicher nach ausgiebiger Sauftour aufgemacht haben, den Heimweg anzutreten. Wie die vier lange nach Mitternacht ihrer bierselig verschnörkelten Wege zogen, wurde mein Großvater einer winzigen weißen Taubenfeder gewahr, und eine verlockende Idee schoss ihm durch den Kopf. Er weihte Brües und den Österreicher hinter vorgehaltener Hand ein. Dann boten sie dem Kollegen Steguweit eine Wette an: Wenn es ihm gelingen würde, die Taubendaune vor sich her pustend bis zur Lindenburg zu befördern, ohne dass sie auf den Boden segle, dann … – was sie als Gegenleistung boten, wurde im Kreise unserer Familie nie kolportiert und ist auch nicht wirklich von Interesse. Entscheidend ist vielmehr, dass es bis zur genannten Lindenburg noch ein gehöriges Stück Weg war.

Dessen ungeachtet machte sich Heinz Steguweit daran, mit Hingabe und in den Nacken gelegtem Kopf das Federchen zu beblasen und allmählich, langsam genug, Richtung Lindenburg vorzutreiben. Nicht ohne sich von Zeit zu Zeit, wenn er meinte, die Feder hoch genug in die Lüfte befördert zu haben, eine kurze Pause zu gönnen und den Kopf zu senken, um die Nackenmuskulatur zu entspannen. Die anderen drei beobachteten das so müßige wie zermürbende Spiel mit großer Ernsthaftigkeit. Jedes Lachen verbot sich selbstredend. So gelangte die kleine Prozession schließlich und endlich zum Ziel. Dort intonierten mein Großvater, Brües und der Österreicher dreistimmig ein Verslein, das in Fachkreisen kursierte, als Steguweit noch katholisch dichtete:

»Steht am Weg ein Wegukreuz
ist nicht weit Heinz Steguweit.«

Der beklagenswerte Kollege aber wollte gerade anheben, sich in seinem Glück zu sonnen, da weder er noch die Feder sich auf dem langen Weg einer Verfehlung schuldig gemacht hatten, als seine Siegesgewissheit und Zuversicht bezüglich des ausstehenden Wetthonorars empfindlich gestört wurden. Aus den Augenwinkeln wurde er, die Feder nach wie vor in der luftigen Schwebe haltend, einiger Herren in Weiß gewahr, die in ein vertrauliches Gespräch mit seinen Trinkbrüdern vertieft waren. Er konnte kein klares Wörtchen aus dem Getuschel heraushören, sah aber, dass mal dieser, mal jener ausgefahrene Zeigefinger in seine Richtung wies. Im gleichen Moment packten ihn von hinten zwei baumstammdicke Arme und zerrten ihm, während das Federchen traurig zu Boden sank, eine nach altem Schweiß stinkende Jacke aus grobem Leinen über und verknoteten, all seinen Protesten und hilfeflehenden Blicken zum Trotz, die Ärmel auf dem Rücken. Besagte Lindenburg nämlich, die heute die Kölner Uni-Kliniken beherbergt, war damals noch in erster Linie eine Nervenheilanstalt.

Dass dieser illustren Gesellschaft noch zwei, drei Frauenzimmer angehörten, die, etwas im Hintergrund, das drollige Schelmenstück mit despektierlichem Kichern verfolgt und sich von Zeit zu Zeit vor Vergnügen die Hände zwischen die Schenkel drückten, verschwieg meine Mutter selbstredend, als sie mir die Geschichte unterjubelte. Schon aus Diskretionsgründen. Aber dafür übernehme ich die Garantie! Ebenfalls dafür, dass die Hübschen sich jetzt, angesichts des Zugriffs der wenig zartfühlenden Pfleger, am eigenen Lachen verschluckten. Eilends drehten die schlankranken, im Licht der Laternen leuchtenden Fregatten ab und segelten durch die nächtlichen Straßen Lindenthals von hinnen.

Nachdem auch die drei Scherzbolde sich hinreichend vor Lachen gebogen hatten, gelang es ihnen unter größter Mühe gerade noch, den wachhabenden Arzt davon zu überzeugen, dass die Federpusterei zu nächtlicher Stunde schlicht dem Suff und nicht etwa irgendeiner Seelenkrankheit oder Geistesverwirrung des armen Kollegen geschuldet sei. Jedenfalls wurde Steguweit nach zwei, drei glühend heißen Verhandlungsstunden aus der Zwangsjacke und aus der Anstalt entlassen.

Das war die Stelle, wo vermutlich Michel B., auf jeden Fall aber meine Mutter, den munteren Rapport regelmäßig auslaufen ließ. Was schon damals in mir das dumpfe Gefühl evozierte, dass man die Geschichte vor ihrer tragischen Zuspitzung ins schamesrote Mäntelchen einer unbefleckten Unvollendeten hülle. Es kann jedenfalls nicht alles gewesen sein. Denn die Nacht war noch lang. Die Nacht, die mein Großvater, wie überliefert, aushäusig verbrachte. So sehe ich mich also gezwungen, mir einen eigenen Reim auf die Tatsache zu machen, dass man im Kreise der Familie die Geschichte, wie gesagt, bei jeder passenden und unpassenden Gelegenheit zum Besten gab und dabei stets darauf bedacht war, den Eindruck zu erwecken beziehungsweise zu bestärken, es habe sich dabei um nicht mehr als einen Husarenstreich gehandelt. Dessen Konsequenzen meinen Großvater allerdings ein Leben lang verfolgen sollten.

Ich jedenfalls gehe davon aus, dass das Spielchen zu jener fortgeschrittenen Stunde noch nicht ausgespielt war und die Wette nun dem Österreicher und seinen Federblaskünsten galt. Nachdem man, versteht sich, im Stehen noch mal rasch, aber hochprozentig dem Alkohol zugesprochen und den vom weitsichtigen Brües mitgeführten Flachmann um drei Viertel seines Inhalts erleichtert hatte. Jetzt also nahm das Drama einen neuen Anlauf, und es war nun am Österreicher, die Taubendaune das Fliegen zu lehren. Michel B., der noch unter Schock stehende, aber mit den Rachegelüsten des noch mal Davongekommenen einheizende Steguweit und Brües, der fürchten musste, als Nächster dranzukommen, einigten sich auf die fast schon moderate Entfernung bis St. Karl Borromäus. Wobei allerdings die Zülpicher Straße zwar gekreuzt, aber nicht entlang gepustet werden durfte. Der Umweg über die Nebenstraßen war angezeigt, wollte man doch auf keinen Fall Gefahr laufen, dass eine der dann und wann auch mitten in der Nacht auf den Hauptstraßen patrouillierenden Polizeistreifen das Spiel verderben würde.

In der Gewissheit, dass sich in den Häuserblocks rund um Karl Borromäus keine Klapse oder eine vergleichbare Anstalt verbarg, machte der Österreicher sich an die Arbeit. Mit einem seinem Leben alles andere als zuträglichem Fort- und Ausgang.

3

O-Ton 3:
Hans-Michel Becker, Michel Beckers Sohn aus erster Ehe

Ich bin nach dem Tod der Mutter, da war ich also zweieinhalb, bei meinen Großeltern groß geworden, den Eltern meines Vaters. Bin also in einer für mich intakten Familie aufgewachsen, und mein Vater tauchte schon mal auf. Dann hatte ich nicht das Gefühl, dass es um mich ging. Ich hab wahrscheinlich unbewusst ihn zum, ja, Anti-Vorbild genommen, einfach weil die Art und Weise, wie er vorgezogen hat zu leben, mir nicht besonders also passte. Auch dieses dauernde von einem Wohnort zum andern, nicht? Also ich hab manches gegen dieses Bild getan. Ich mag nicht, also wenn man über die Verhältnisse lebt. Wobei, es war nicht so, dass ich also meinem Vater böse war; ich hab keine starke gefühlsmäßige Bindung an ihn. Er hat mir auf der einen Seite leidgetan. Weil er ja zumindest wirtschaftlich nicht zu dem Erfolg gekommen ist, an den er auch gedacht hat, als er das geschrieben hat.

Und andererseits, also wie gesagt, wir haben uns sehr selten gesehn, und das war auch nicht so, dass man nun zu einer echten, tiefen Beziehung zueinander geriet. Das war mein Vater, das hab ich zur Kenntnis genommen. Ich war ihm auch nicht böse, dass er also da seine wirtschaftlichen Verhältnisse in dieser Weise verhunzt hat, wie es nun jeder sehen konnte, und insofern hab ich ihn auch nicht vermisst.

Ich habe ihn irgendwie vermisst. Auch wenn ich ihn nicht kannte. Auch wenn mein Großvater kein Großvater war. Ein Großvater ist ein alter Mann. Meiner nicht. Gut sechzig Jahre vor meiner Geburt geboren und acht Jahre vor meiner Geburt gestorben. Er verabschiedete sich aus dieser Welt, einige Jahre, bevor er mein heutiges Alter erreicht hatte. Michael Hubert Matthias B. segnete am 11. Dezember 1948 das Zeitliche. Das Zeitliche aber nicht ihn. Er geriet schlicht in Vergessenheit.

Meine Großmutter, Käthe B., war, wie sich's gehört, die Frau meines Großvaters. Der Rosenkranz hing nicht weit von ihrem Bett. Dass sie dank des frühen Todes der ersten Frau die zweite war, geht noch in Ordnung. Dass sie aber beileibe nicht die einzige dieses frommen Katholikers war, davon handeln diese Aufzeichnungen. Unter anderem.

4

Ich lasse Michel B., nachdem er im Vorgarten über Steguweit gestolpert war und ihn mit einem Bier, vielleicht auch zweien, am Tresen der Engelgauer Dorfkneipe abgefertigt und ihm beschieden hatte, er wolle über diese unselige Geschichte nicht sprechen, lasse Michel B. also noch mal und noch mal den zweiten, den dramatischen Teil der fliegenden Federgeschichte aus jener unseligen Nacht durch den Kopf gehen. Und er sieht sich mit Brües und Steguweit hinter dem Österreicher herschwanken, während sich dieser durch die schier endlosen Straßen von Lindenthal und schließlich von Sülz manövrierte und seine Alkoholfahne in die Lüfte pustete, stets darauf bedacht, die geplagte Daune nicht vom Himmel fallen zu lassen. Was ihm – zumal in Anbetracht seines Trunkenturbelschädels – mit Bravour gelang. Das musste man neidlos anerkennen, befanden Michel, Heinz und Otto in seltener Einmütigkeit. Und so zollten sie denn auf halber Strecke dem armen Kollegen Szenenapplaus, was ihm trotz seiner anstrengenden Tätigkeit ein Lächeln auf die Lippen zauberte.

Eben das jedoch hätte er sich besser verkniffen. Denn es kostete ihn einen Moment lang die eng fokussierte Konzentration. Sodass er einen gehörigen Zahn zulegen musste, wollte er der Taubenfeder keine Zwischenlandung und seinen Kumpels nicht unbändige Schadenfreude gönnen. Er rannte also los, als habe sich der Leibhaftige an seinen Rücken gekrallt und beiße ihn beständig in den Nacken. Im vollen Lauf begab er sich in die Hocke, um unter das bedrohlich herabtaumelnde Federchen zu gelangen, es von unten anzupusten und wieder up, up and away in luftige Höhen zu bugsieren. Was ihm just gelungen war, als plötzlich dieser äußerst ungesund klingende Rums zu vernehmen war.

Der Kollege Österreicher war, die Lippen gespitzt, den Blick auf das knapp unterm Himmel schwebende Federchen gerichtet, die alkoholbleiernen Füße immer noch im Sturmlauf, voll Karacho vor einen Laternenpfahl gedonnert.

Während die Herrn Dichterkollegen in tosendes Gelächter ausbrachen und sich abwechselnd gegenseitig auf die Schultern klopften beziehungsweise in den Armen lagen oder beides gleichzeitig, glitt er am Laternenpfosten, eine hässlich breite Blutspur hinterlassend, langsam, aber unaufhaltsam abwärts. Bevor er am hundepissegelben Laternenfuß landete.

Das aber sahen Michel B., Steguweit und Brües schon nicht mehr. Sie waren vor Vergnügen juchzend und kornaufstoßend weitergezogen, machten sich weder um den Verbleib des Federchens noch des Österreichers einen Kopf, wussten sie doch an der nächsten Straßenbahnhaltestelle ein Büdchen, das schon zu dieser unchristlich frühen Stunde nebst Zeitungen und Karamellbonbons auch einigermaßen erschwinglichen Schnaps feilbot. Wohingegen der Brües'sche Flachmann keinen noch so winzigen Tropfen mehr hergab. Und es galt doch, unbedingt auf die Dämlichkeit eines Österreichers und den bravourösen Sieg einer Wette anzustoßen.

Als die drei schon ein treffliches Stück in Richtung des besagten, munter sprudelnden Brünnleins an der Straßenbahnhaltestelle zurückgelegt hatten, wandte sich Steguweit – womöglich in Anbetracht des eben selbst noch erlittenen Ungemachs – kurz um. »Der kommt nicht hinterher, Jungens! Warum kommt der nicht?«, brachte er eindeutig weniger fest heraus als mein Großvater und Otto Brües ihr »Scheiß was drauf. Der kommt schon. Weiß doch auch, wo's hier in der Gegend morgens um fünf was Flüssiges gibt.«

Die lange, kugelrund auslaufende Nase meines Großvaters umschmeichelte die lange, kugelrund auslaufende Nase Steguweits. Und dann nahmen Brües und Becker den Bedenkenträger in die Mitte und grölten vorwärtsschwankend »Morgenstund hat Gold im Mund, Blei im Hintern, Schnaps im Rachen«, bis schließlich auch Steguweit einstimmte. Doch auch mit der Wasserglasration Klaren, die sie am Haltestellenbüdchen herunterstürzten, ließen sich die Zweifel unter Steguweits Schädeldecke nicht zum Schweigen bringen. »Jungens, ich hab en mulmiges Gefühl«, stammelte er, »ich geh zurück.«

Otto Brües und Michel B. klammerten sich an das letzte bisschen gute Laune, lachten irgendwas von wegen, wenn er denn unbedingt als Spiel- und Spaßverderber in die Geschichte eingehen wolle, gingen aber mürrisch vor sich hin grummelnd mit. Zurück an den Ort des grandiosen Triumphes.

5

Auch wenn seine Enkel nicht sozusagen als Nachlass das blasse Licht der Nachkriegswelt erblickt hätten, sondern noch zu seinen Lebzeiten, einen ordentlichen Großvater hätte er nie abgegeben. Und keinen unordentlichen. Im Gegenteil: Er war ein Pedant! Aber ungeheuer vergesslich. Hat seine Hüte kaum zwei Garderoben weit geschafft. Am Hutständer jeder Kneipe in der näheren Umgebung hing ein Andenken von ihm. Wenn seine Frau nicht immer meine Mutter, damals ein Mädchen von einszwanzig, rundgeschickt hätte, ihn und seine Hüte einzusammeln, wär's ihn teuer zu stehn gekommen.

6

Schweigend torkelten die drei Gestalten in der Morgendämmerung durch Köln-Sülz. Irgendwann waren ihnen unterwegs die Lieder abhandengekommen und der Gesprächsstoff ausgegangen. So setzten sie schlangenlinienförmig einen Fuß vor den anderen und beschäftigten sich ein jeder für sich mit seinem Rausch, sannen jedem Aufstößerchen nach und befassten sich mit der denkwürdigen Frage, wie lange es wohl noch dauern mochte, bevor anlässlich eines Rülpsers Land mitkommen würde, als sie schließlich jene Laterne am Horizont aufleuchten sahen, die sie vor einer, wie's ihnen jetzt erschien, halben Ewigkeit als Ort des Sieges verlassen hatten. Ihre Schritte wurden geradliniger, zielgerichteter, zügiger. Und ihre Augen zitterten nicht länger den Tanz der Fuselwolken.

Endlich standen die drei Männer vor besagter Laterne und – starrten zu Boden. Der Österreicher hatte sich offensichtlich keinen Millimeter vom Fleck bewegt und lag, wie eine Katze eingerollt, am Fuß der Laterne. Seinen drei Kollegen gefror das alkoholbeschleunigte Blut in den Adern. Keiner sah den andern an. Es dauerte Minuten, ehe Steguweit sich ein »Ich hab's doch gesagt« herausschraubte und mein Großvater sich aus der Schockstarre löste. Langsam auf die Knie sinkend, spitzte er die Ohren. Einen dünnen Atem allerdings aus den Geräuschen der eben erwachenden Stadt herauszuhören, war ein Ding der Unmöglichkeit. Und so richtig auf Tuchfühlung mit dem trostlosen Paket Mensch da unten zu gehen, dazu fehlte auch ihm der Mut. Dennoch destillierte sich so langsam aus den zirkulierenden Sternennebeln im Kopf der Gedanke, dass man, wollte man auch nur eine minimale Chance aufs Untern-Teppich-Kehren sichern, dass man dann sofort handeln musste. Bevor aus der erwachenden eine hellwache Stadt geworden sein würde. Er sah seine beiden immer noch stockstarr dastehenden Kollegen an und begriff, dass von ihnen keine Hilfe zu erwarten war. Also nahm er sich ein Herz und klopfte dem Österreicher leicht auf die Schulter. Keine Reaktion.

»Heh, guter Freund«, zischte er in jene Windung des eingerollten Pakets, wo er ein Ohr vermutete, »alles in Ordnung?«

Keine Antwort. Also wagte er es, den regungslosen Leib an der Schulter zu rütteln. Ohne Erfolg. Noch ein flehender Blick in die versteinerten Gesichter der Kumpane. Dann packte mein Großvater mit beiden Händen zu und faltete den Österreicher auseinander. Im gleichen Augenblick schoss Michel B. das Blut ins und dann aus dem Gesicht. Mit diesem Anblick hatte er nicht gerechnet. Wo vor vielleicht zwei Stunden noch ein schnapsverquollenes zwar, aber doch ein Gesicht war, waberte jetzt nur mehr ein Brei aus Blutklumpen und Hautfetzen. Die Stirn war zu einem kreuz und quer verkanteten Eisschollenfeld mutiert. Die rechte

Augenbraue war aufgeplatzt und ließ einen blutroten Hautvorhang übers Auge hängen. Während die Nase unter den Blutschlieren noch so etwas wie einen Grat erkennen ließ, stellte sich der Mund vollends als schaudererregende Trümmerlandschaft dar, aus der nur noch ein paar weiße, hoffnungslos brüchige Felszacken ragten, während daneben etliche rote Krater klafften.

Offensichtlich war der Österreicher im geduckten, aber vollen Lauf mit dem Gesicht gegen die Zierringe der wilhelminisch verschnörkelten Laterne gedröhnt. Schlimmer noch mussten die Verletzungen sein, die man nicht sah: hinter der Stirn! Denn er gab kein Lebenszeichen mehr von sich. Kein Atem, kein Puls, kein Pupillenzucken. Der Mann war tot. Ohne Zweifel.

Und ebenfalls ohne Zweifel hätte er nicht tot sein müssen, wenn seine Saufbrüder, statt einen halben Kilometer zum Schnapsbüdchen zu torkeln und sich noch ein paar hinter die Binde zu gießen, den nächstbesten Arzt aus den Federn geschellt hätten. Immerhin reihte sich auf der Zülpicher Straße damals wie heute ein Praxisschild ans andere. So aber sahen die drei sich mit der Tatsache konfrontiert, dass sie ihren Kumpel in seinem Blut hatten ertrinken lassen, dass sie sein Schädel-Hirn-Trauma ungebremst die Krallen hatten ausfahren lassen. Oder was immer die Todesursache gewesen sein mag, die selbstredend hier und heute nicht mehr schlussgültig zu klären ist.

Sie sahen sich mit den entstellten Mienen dreier Mörder an. Fahrlässigkeit, streng juristisch, mindestens unterlassene Hilfeleistung. Trotzdem fühlten sie sich als Mörder und waren nun nur noch darauf aus, dieser grauenhaften Situation zu entkommen. Drei verschiedene Motoren ein und desselben Fluchtreflexes sprangen im gleichen Moment an und ließen die Brüder im Geiste und im Suff in diametral entgegengesetzte Richtungen auseinanderspritzen. Ein jeder dieser Meister des Federkiels, beladen mit der bleischweren Schuld eines federleichten Dummejungenstreichs. Sie sollten sich in dieser Dreierkonstellation nie wiedersehn.

7

O-Ton 4:

Elfriede Kern, Ende der Neunzigerjahre verstorbene Verlegerin aus Köln, die allerdings keines der Bücher von Michel B. verlegte. Nach den Jahren, die er in der Eifel zubrachte, zeitweise die Chefin seiner Frau.

Und jetzt kommt Ihre Großmutter auf den Plan. Käthe Becker. Die hatte nun Ihren Großvater kennengelernt, irgendwie, und war verliebt in den, ne, und der hat natürlich diese Verbindung auch ausjenutzt, hat die uch anjepumpt, un da sie schon 'n bisschen reifer war un noch nit verheiratet und für sie en Dichter natürlich en Wesen aus dem Jenseitigen war, weil sie janz hinjerissen war, hat sie natürlich sich auch beliebt machen wollen in der Familie. Denn Vermöjen brachte sie ja auch nicht mit. Dat waren bürgerliche Leute. Sonst wär sie ja damals nicht aufs Büro gegangen. – Moment mal! Erzähl ich Ihnen natürlich auch im Vertrauen nur, ne. – Ihre Jroßmutter hat doch jekrampft! Die Frau Becker. Die is aber labil jeworden durch den Michel praktisch. Mit dem sie verheiratet dann war.

Also sie war ja bei Tietz anjestellt. Und zwar oben in der Direktion. Da hatte die nun Zugang zu den Kontenführungen, und Ihre Urgroßmutter, die Mutter vom Michel, die hatte ja jewisse Lebensansprüche. Un als nun ihr Sohn da kam und hatte dieses Frollein Soundso, die dann auch bei Tietz war und die sich erbötig machte, ihnen ein Konto einrichten zu lassen, wo sie auf Pump kaufen konnte, da flog die natürlich drauf! Jetzt konnt' sie ja mal 'n paar Kleider mehr kaufen. Sie müssen ja bedenken, dat Jeld war abjezählt, also Jeld war immer etwas, was man da brauchte, ne.

Aber wenn man ein Konto hat un benutzt dat Konto, dann kommt auch mal der Zahltag! Nit? Un nun hatte die Frau Becker denn erwartet, dat ihre zukünftije Schwiejermutter denn nu uch emal bezahlte! Un die bezahlte nit. Un nu wurde die oben von der Direktion mal jetreten un jesagt, hören Sie mal, da unten haben Sie da gutjestanden für dat Konto, dat müsste aber mal jezahlt werden! Ja, un da hat dann die Frau Becker Buchungen un so wat klüngeln können, nit? Also hat die dadrauf einjewirkt, datt die Konten da ausjejlichen wurden, und dadurch ist sie dann auch beim Kaufhof ehm, sagen wir ma: abserviert worden.

Aber wat ja von Ihrem Jroßvater ne Jemeinheit war: Der hat mir das alles erzählt. Um Ihre Großmutter runter zu setzen, die ja bei mir einen Vertrauensposten hatte. War doch gemein. War doch 'ne Gaunerei eigentlich. Nit? Wat ich ihm auch sehr verübelt habe. Die war ja meine Buchhalterin. Die haben wir durch den Vater bekommen. Da hat der jesagt: »Mein Sohn, der sitzt in der Eifel und der hat 'ne Frau, die sehr tüchtig is, die war früher im Kaufhof Buchhalterin, und wenn die nach Köln kämen, dann wär die froh, wenn die 'ne Stellung bekäm, würden Sie die nehmen?« Un da ham wir direkt mit Kusshand zujejriffen.

Die saßen also in der Eifel, un der hat ja überhaupt kein Geld verdient. Ach so, un da hat der Michel Becker mir diesen janzen Salat von seiner Frau vom Kaufhof erzählt. Un hat die Frau so herunterjemacht, die bei mir den Vertrauensposten hatte! Um die runterzusetzen, weil er vielleicht vermutete, sie würde über ihn erzählen, und – ich weiß es nicht. Und da hat er mir erzählt, datt die also beim Kaufhof – bitte verwenden Sie dat der Ursula gegenüber nit! Ne? – dass sie beim Kaufhof Unterschlagungen gemacht hätte und erausjeflogen wär.

Das Ganze, alles mir erzählt! Dat, wat die Frau jemacht hat, um ihn zu kriejen un vor ihm oder vor seiner Familie jroß dazustehn! Ham Se Worte für so was?! Unjeheuer! Un da hat das Schwein noch zu mir jesagt: »Jetzt sitzt sie in Köln und zittert, dass ich Ihnen alles erzähle!« Das war lumpig! Und als ich da zurückkam, da saß die Frau Becker in höchster Aufrejung, weil die da – un hat aber nix jesagt. Und der Michel hatte mir jesagt, der Pfarrer Geller hätte das alles bereinigt und Dings.

Und da bin ich zum Pfarrer Geller jejangen und habe jesagt: »Ich hab die Frau Becker anjestellt, die hat bei mir en Vertrauensposten, ich muss natürlich wissen, wen ich im Haus hab, und ihr Mann hat mir das und das erzählt.« Und da hat mir der Oberpfarrer Geller die janze Jeschichte von der Misere erzählt. Dass sie eben so arm wären und in der Eifel säßen, und der fuhr dahin un brachte denen fuffzig Pfund Bohnen oder Erbsen, damit sie Supp kochen konnten. Nit? Die hatten also so wenig, so wenig Jeld!! Damals war ja auch die Nazi-Zeit, un der war so katholisch, vielleicht hatte er da uch keine – wat weiß ich. Also jedenfalls hatte er nichts, jar nichts. Der Rettungspunkt war der, dass sie nach Köln kamen und sie bei mir die Stelle bekam, dat war dat erste Mal, dass sie wieder Luft schnappte. Nit?

Un dann bin ich zurückjekommen und hab der Frau Becker jesagt: »Frau Becker, ich war beim Geller, der hat mir reinen Wein einjeschenkt, ich bin im Bilde«, da sagt sie: »Ja, ich wusste dat, wenn Sie jetzt den Michel treffen würden, dat der alles erzählen würde. Dat wusste ich.« Also lumpig. So lumpig. Ist ja lumpig! Ne? Aber ich hab oft zur Frau Becker jesagt: »Dat dürfen Sie ihm all jar nit so übel nehmen; der ist so! Der ist so. Den könn' Sie jar nich anders machen.« Die arm Frau hat viel durch den jelitten.

O-Ton 5:
Hans-Michel Becker

Wobei man da hätte sagen können: Also bitte, wenn du dich beklagst, dann versuch es doch zu ändern!

Um die Geschehnisse und ihre Schauplätze zeitlich zu sortieren: Käthe, meine Großmutter, hat Michel B. Mitte der Zwanzigerjahre noch zu Zeiten seiner ersten Ehe kennengelernt. Da arbeitete er als Werbetexter für eine Margarinefirma in Kleve. Wo wenig nach dem Tod seiner ersten Frau und kurz nach der Hochzeit mit Käthe meine Mutter zur Welt kam. Ehe er sich dann zum freien Schriftsteller mauserte und die dreiköpfige Familie für einige Jahre nach Köln zog.

O-Ton 6:
Verlegerin Elfriede Kern

Honorare sind ja verdammt niedrig. Früher bezahlte man acht Prozent vom broschierten Ladenpreis. Was war das denn, was ist das denn?! Das sind ja Pfennige. Da kostete ein Buch zwei, drei Mark oder was, oder's hat auch nur 1,80 oder wat jekost, was ist denn das? Das sind ja keine Honorare. Das ist kein Beruf, in dem man Geld verdienen kann. Sie können nur Geld verdienen, wenn Sie in die Auflagen kommen, aber wenn man dann natürlich so lebt und herumschwoft, dann braucht man ja auch Jeld. Ich jlaube auch, dass er im Jeldausjeben unkontrolliert jewesen ist. Ich glaub, datt er einfach losgegeben hat. Dass er es verklüngelte. Er war ein Fantast. Uferloser Fantast. Der im Wolkenkuckucksheim lebte. Der sich da was zurechtjezimmert hatte, vielleicht aufgrund des ersten Erfolges, den er gehabt hat.

Er muss ja als junger Mann da hinten in Kleve schon 'n ganz guten Erfolg gehabt haben. Und die Denkweise, die bekommt ja auch Gewalt über einen. Wenn Sie sich immer mit schönen Dingen beschäftigen, so nehmen diese schönen Dinge allmählich in Ihrem Inneren Form an. Und so kann ich mir auch nur erklären, dass er in diese Religiosität hineingewachsen ist.

O-Ton 7:
Ursula Land, geb. Becker, Michel B.'s Tochter aus zweiter Ehe

In den Dreißigerjahren, da waren diese Aufführungen in Zons, die ihn sehr beschäftigt haben, un da wollte er zur Aufführung, zur Premiere wollte er ja hin, dat muss '36 gewesen sein, un dann ham sie ihm ja Platzverbot gegeben. Dann ist er zum Pastor jejangen, und dann muss da jroßer Protest gewesen sein. Und dann haben die Spieler durchjesetzt, datt er bei der Aufführung da sein durfte.

Nu muss ich ja immer dazu sagen, ich kenn dat ja nur aus seinen Erzählungen. Es ist also durchaus drin, datt dat eine oder andere auch wieder übertrieben war. Ne? Jedenfalls kam er da sehr seelisch ramponiert nach Haus zurück, un dann haben se nachts im Bett gesessen un haben die Zeitung jelesen und sind auf die Annonce gestoßen, wo dieses Haus in Engelgau vermietet wurde. Un dann wurde alles einjepackt un Hals über Kopf in die Eifel gezogen. Um Abstand zu jewinnen räumlich un zeitlich von der janzen Misere, der du in der Jroßstadt ja mehr ausjesetzt warst als auf dem Bauernland.

Die Adressbücher damals halten Michel Becker samt Kleinfamilie ab 1936 als Mieter des im Jahr 1900 erbauten, heute noch zu bestaunenden Häuschens Engelgau Nr. 5 fest. Engelgau, damals ein Dreihundert-Seelen-Dorf der Gemeinde Zingsheim. Auf den zugigen Höhen oberhalb von Bad Münstereifel. In politisch ebenfalls zugigen Zeiten. Die im Rahmen der nationalsozialistischen Entkonfessionalisierungspolitik losgetretene Kampagne zur Propagierung von Kirchenaustritten erwies sich als durchaus wirksam. Der mittlerweile offene Kampf gegen kirchliche Organisationen führte Mitte 1937 zur Auflösung der meisten katholischen Jugendverbände. Und von den vierundsechzig katholischen Zeitschriften etwa, die 1933 im Erzbistum Köln verlegt wurden, waren bis September 1939 nur acht übrig geblieben.

Eine nicht gerade gedeihliche Epoche für einen Schriftsteller wie Michel Becker, der sich als dezidiert katholischer Dichter verstand und mithin seine Publikationsmöglichkeiten im kirchlichen Umfeld gesucht und gefunden hatte, sich hingegen auf keinen Fall mit den Nazis einlassen wollte. Aber auch wenn er stets und unzweifelhaft ein kritisches Verhältnis zum Nationalsozialismus aufrechterhielt, so griff er nie aktiv ins Räderwerk der Geschichte. Mit seinen schlanken Schreibtischfingern.

O-Ton 8:
Ursula Land, geb. Becker

Politisch, nää! Er war apolitisch. Aber dieses ganze Drum un Dran, dat hatte er da doch ziemlich schnell durchschaut. Als der Hindenburg den Hitler zum Reichskanzler machte, da hat er gesagt: »Jetzt haben wir den Krieg.« Also dat hat er sehr früh ... Er hat ja sehr viel jelesen, un er kannte ja Jott und die Welt. Vor allen Dingen aus kirchlichen Kreisen. Aber nää nää, der hat nicht aktiven Widerstand jeleistet. Da wor er zu fuul zu. Vielleich auch zu bang. Der war ja, der war ja echt bang. Wenn wat im Keller zu holen war, dann: »Käthe, jeh du!« Der hatte Schiss! Er jing immer den Weg des jeringsten Widerstandes.

Dass er indes Kontakt zum konservativ-katholischen Widerstand hatte, dürfte unstrittig sein. Im Kloster Knechtsteden bei Köln etwa, einem der Klöster, die bereits 1936, 1937 mit von den Nazis initiierten antiklerikalen Prozessen überzogen wurden. »Sittlichkeitsverbrechen« wusste die nationalsozialistische Staatsanwaltschaft dort zu inkriminieren. Und beim »Klostersturm« im Frühjahr 1941, als in der Erzdiözese Köln fast zwanzig Ordenshäuser und kirchliche Anstalten annektiert wurden, brachte die Geheime Staatspolizei eine Reihe Knechtstedender Mönche hinter Gitter. Mein Großvater weilte dort in der fraglichen Zeit mehrmals mit seiner Tochter, meiner Mutter, und es ist mit Sicherheit anzunehmen, dass er wusste, was im Kloster Sache war.

Desgleichen hatte es in den Kolpingvereinen, die er immer wieder mit den Aufführungsrechten für seine Laienspiele beglückte, jede Menge Verhaftungen gegeben. Drei der führenden Mitglieder der katholischen Arbeitervereine waren in einen gescheiterten Umsturzversuch verwickelt. Und Michel B. muss sie gekannt haben. Zumindest den Verbandspräses Otto Müller, der beispielsweise auch Josef Frings zur Teilnahme am Goerdeler-Kreis eingeladen hatte. Frings allerdings, der nach dem Krieg als Kölner ›Klüttenklau-Kardinal‹ in die Geschichte eingehen sollte, weil er den Kohlendiebstahl der verarmten Nachkriegsbevölkerung nicht als Sünde brandmarkte, Frings reagierte abweisend: Dergleichen hochpolitische Händel seien die Sache eines Bischofs nicht. Kurze Zeit später saß Otto Müller in Berlin in U-Haft, wo er 1944 umkam. Und seine beiden Mitarbeiter wurden hingerichtet. Mit Sicherheit gehörte Michel Becker zwar nicht zu diesem Goerdeler-Kreis, aber bei den Beziehungen, die er pflegte, ist es undenkbar, dass er nicht wusste, wie die Nazis auch in konservativen katholischen Kreisen wüteten.

O-Ton 9:
Hans-Michel Becker

Er gehörte zu dieser größeren Menge bei uns, die vom Nationalsozialismus aus unterschiedlichen Gründen nichts hielten, aber auch nicht mit dieser ihrer Meinung nach draußen gingen. Also ich kann mir vorstellen, wenn die Frage im Familienkreis gestellt wurde, war das eindeutig. Wenn sie in der Öffentlichkeit gestellt wurde, wird er den Mund gehalten haben. Woran er, meine ich, gut tat. Denn ein Kämpfer für die Freiheit – also da muss man einige Eigenschaften haben, von denen ich nicht weiß, ob mein Vater sie alle besessen hat. Was man auch nicht erwarten und billigerweise verlangen kann.

Das beste Beispiel für sein Verhältnis zum katholischen Widerstand spielte sich drei, vier Jahre, nachdem er sich mit seiner Familie in der Eifel niedergelassen hatte, in der Benediktinerabtei in Maria Laach ab. Dort brachte man während des Zweiten Weltkriegs unter anderem Konrad Adenauer unter, den die Nazis als Zentrumspolitiker und langjährigen Kölner Oberbürgermeister bereits 1933 aus dem Amt gejagt hatten, worauf er sich zurückzog. Nach dem Krieg jedoch sollte er als vierzehn Jahre lang regierender Bundeskanzler der deutschen Nachkriegsgeschichte seinen Stempel aufdrücken. Dass Michel Becker in besagtem Kloster auf Adenauer gestoßen ist, liegt durchaus im Bereich des Möglichen. Damals jedenfalls pflegte er sehr intensiven Kontakt zum Maria Laacher Abt Ildefons Herwegen.

O-Ton 10:
Elfriede Kern

No ja, no ja, also der jing in die Kirch, aber ob der so relijiös jewesen is? – Och nee! Sonntags zur Messe un zur Osterkommunion, aber sonst könnt ich mir nit vorstellen, dat der relijiös jewesen is. Nee. Er war ja zu liederlich dazu, um religiös zu sein.

Ein nieselpetriger Tag reihte sich an den andern. Michel B. schlug den Kragen seines Mantels hoch, dessen blasses Grau längst zu einem nassen Schwarz geworden war. Warum mussten Klöster immer kilometerweit vom Bahnhof entfernt sein? Vielleicht weil der Herr im Himmel Angst vor diesen fauchenden Stahlrössern hatte. Oder genau umgekehrt? Hassten die Loks wie der Teufel das Weihwasser? Bevor er die schlussgültige Antwort denken, geschweige denn sich merken konnte, tauchte rechts die Birkenallee auf, von der die alte Krämerin gefaselt hatte. Mein Großvater folgte dem Straßenverlauf noch bis zur Kreuzung, wo er schließlich in die Allee einbog, an deren Ende er das kleine Tor in der Mauer sah. Verschlossen, wie selbst aus dieser Entfernung unschwer zu erkennen war.

Was ihn jedoch nicht im Geringsten abschreckte. Denn er wusste: Heute war sein Tag. Sein verdammter Tag. Der Tag, an dem er es machen würde. Wenn nötig. Der Tag, an dem er es, wenn nötig, machen würde. Wieder mal sein Tag. Denn, wenn er ehrlich war, es war in letzter Zeit fast immer nötig. Diese Tage, die sein Tag sein mussten. Konnten sie noch so verregnet sein. Tage, an denen er hundertprozentig auf dem Quivive sein, sich treffsicher ins jeweilige Gegenüber einfühlen musste. Hellwach in der Verhandlungsführung, messerscharf beim Verteidigen seiner Position. Ohne dabei zu verbockt zu wirken. Oder so, als hätte er es nötig. Als sei er ein Kotzbrocken, dem das Wasser bis zum Hals steht und dem Angriff die beste Verteidigung zu sein scheint. Wenn er diesen Eindruck machen würde, hätte er schon verloren.

Strategische Erwägungen, die ihm den Weg durch das endlose Spalier der kahlen Birken rechts und links verkürzten, während die falbe Sonne, die kurz durch den Nieselregen geblinzelt hatte, ihren Wolkenschleier nur umso fester zurrte. Endlich stand er vor dem unscheinbaren, doch knochenhart verrammelten Tor, das dem schmucklosen Kloster als Nebeneingang durchaus trefflich zu Gesichte stand.

Michel B. sog die nasse Luft ein und spürte ihr kurz nach, wie sie in die entlegensten Verästelungen der Lunge drang. Dann zog er mit Schwung an dem kurzen Seil, das das heisere Glöckchen in Gang setzte, um dann wenige Sekunden später den in die Welt hinausgehusteten Klang im weitläufigen Klostergelände versiegen zu lassen. Ob das Gebimmel irgendetwas würde ausrichten können? Er trat von einem Fuß auf den andern.

Nach einer kosmischen Ewigkeit knallte auf der anderen Türseite ein schwerer Schlüssel ins Schloss, die Eichenbretter ächzten in allen Fugen, dann gab die Tür den Blick frei: ein Schrank von einem Mann! Dessen noch dazu ausladende Kutte füllte den gesamten Türrahmen aus, sodass meinem Großvater die Aussicht auf das Klostergelände hinter Mauer, Tor und Bruder Pforte einstweilen verwehrt blieb.

»Becker, mein Name. Der Abt will mir um sechzehn Uhr dreißig eine Audienz gewähren.«

»Ich weiß«, knurrte es zurück, »weiß ich. Und warum um alles in der Welt hetzen Sie mich hier raus zum Seiteneingang?«

»Der Abt … auf Geheiß von Hochwürden Abt Ildefons, der mir ausdrücklich …«

»So. Aha.« Der Pater schien alles andere als zufrieden mit der Antwort, machte jedoch keinerlei Anstalten, das Thema weiter zu vertiefen, sondern hieß meinen Großvater eintreten und nach links den Innenhof überqueren. Worauf dieser sich folgsam nickend und schweigend in Bewegung setzte, sich einige flüchtige Seitenblicke jedoch nicht versagen konnte, die ihn die Bescheidenheit dieser Klostergemäuer ein weiteres Mal ermessen ließen. Der Kies kreischte unter den klatschnassen Sohlen, als gelte es, die Willkommensmusik der Unterwelt über die leise aus der Klosterkapelle herüberwehenden Gesänge der Mönche triumphieren zu lassen. Schließlich ging es durch den Kreuzgang, durch einen elend langen Korridor, und plötzlich stand Michel B. vor Abt Ildefons. Nach kurzem Austauschen der üblichen Begrüßungsformeln hob mein Großvater sogleich mit mehreren ausgefeilt bescheidenen Lobeshymnen auf seine eigenen Werke an, in der Hoffnung, ein weiteres Mal die Bewunderung des Abtes auf sich fokussieren zu können.

Der jedoch konterte kühl: »Ich weiß. Sie brauchen mich nicht auf den gottwohlgefälligen Gehalt Ihrer Schriften hinzuweisen. Ich kenne nicht wenige Ihrer Werke und gestehe gern, dass sie mir die eine oder andere erbauliche Stunde bereitet haben. Und ich bin mit Sicherheit nicht der Einzige hier im Kloster und draußen in der Welt, dem das mit Ihren Romanen und Stücken so geht. Aber ...«

Und mein Großvater griff die Vorlage begierig auf: »Aber der Dichter dieser gottesfürchtigen Zeilen droht an den Widrigkeiten des Jammertals hienieden zugrunde zu gehn.« Er verfolgte wie so oft die Strategie, von vornherein mutige Aufrichtigkeit unter Beweis zu stellen.

»Die Früchte Ihrer Arbeit sind nicht von dieser Welt.« Abt Ildefons Herwegen breitete die Hände aus, die offenen Handflächen gen Himmel. »Sie dürfen sich glücklich schätzen, mit jeder Ihrer Zeilen, mit jedem Ihrer Verse eine Sprosse höher in der Gunst des Herrn zu steigen.«

»Und doch braucht auch ein Verseschmied in Diensten des Herrn hin und wieder was zwischen die Kiemen. Ganz schnöde, ganz profan«, gab mein Großvater zurück, ohne seine servile Freundlichkeit aufzugeben.

Während sich Abt Ildefons lebenspraktisch gab: »Aber ich kann beim besten Willen nicht einfach den Opferstock ausschütten und klingende Münzen …«

Michel B. hob den Blick und zwinkerte der Jesusfigur zu, die oben an der Wand hinterm Abt mit größter Güte größte Schmerzen litt, hinter geschlossenen Augendeckeln. »Betrachten Sie es doch als Geldanlage. Investiert in die weitere Hervorbringung gottgläubigen Schrifttums, das die geheiligten Ideale wie ein Sakrament zelebriert und Gläubige und Abtrünnige gleichermaßen mit geistlich-geistiger Nahrung versorgt.«

Nichts, was dem Abt entschiedener gegen den Strich gegangen wäre, als dass sich jemand erdreistete, ihm in seiner Finanzhoheit schlaue Ratschläge zu erteilen! »Mir ist indes zu Ohren gekommen«, kläffte es entsprechend spitz aus dem bordeauxroten Samtpolster des ehrwürdigen Fauteuils, »dass es um Ihre Rückzahlungsmoral nicht unbedingt zum Besten bestellt ist. Die Zeiten jedoch, als sich nicht wenige Abteien dem Mäzenatentum verschrieben, sind gründlich vorbei. Schöne Literatur, und sei sie auch ausdrücklich zum Lobe Gottes hervorgebracht, ist weltlicher Natur. Und fürs Auskommen ihrer Verfasser sind die weltlichen Behörden zuständig.«

»So erniedrigend es ist, aber dann bleibt mir nichts, als demutsvoll an Ihre christliche Barmherzigkeit zu appellieren«, griff mein Großvater wie so oft in jenen Jahren nach dem Strohhalm devoter Tränendrüsenmassage.

»Ich mache Ihnen einen Vorschlag«, parierte Ildefons Herwegen, »Sie beehren uns mit Ihrer Anwesenheit während der Kartage und nehmen, bei freier Kost und Logis, an unseren vorösterlichen Exerzitien teil. Bei der

Gelegenheit können Sie sich mal so richtig satt essen und aufwärmen. Und geistlich wachsen.«

»Aber damit ist meine Familie die nächsten Wochen noch nicht durchgebracht. Und Sie wissen, der harte Winter hier oben in der Eifel ist Ostern vermutlich noch längst nicht überstanden.« Ein letzter Vorstoß, bevor Michel B. begriff, dass die Einladung zu den Laacher Kartagen, die doch auch eine Art Klausurtagung von Teilen des katholischen Widerstands waren, dass also die Einladung zu diesen Kartagen das letzte und letztgültige Abtwort war. Wie um diese Tatsache zu unterstreichen, wies der hohe Mann Gottes meinem Großvater mit freundlichem, doch entschiedenem Abschiedslächeln den Weg zur Tür, indem seine Blicke wortlos auf die Richtung einschwenkten, in die seine beringte Rechte zeigte.

8

O-Ton 11:
Hans-Michel Becker

Ich hab 'n paar Sachen von meinem Vater hab ich gelesen, und ich konnte damit nichts Richtiges anfangen. So etwas begeistert, etwas exklusiv, so symbolhaft und wiederum nicht; ich war also nicht besonders stolz. Meine Großmutter, die war sicher stolz darauf, dass ihr Sohn nun jetzt mit solchen Sachen erschien.

O-Ton 12:
Ursula Land, geb. Becker

Ich habe das ›Mädchen Elisabeth‹ angefangen, dann habe ich diesen Schmu gelesen, und dann habe ich das Ding zugemacht und habe es nie wieder aufgemacht. Ich weiß, als ich in das Examen ging, und wir mussten ja da 'ne Liste abgeben über gelesene Literatur – im Buchhändlerexamen –, und dann fragte der: »Ich vermisse in Ihrer Literaturliste die Werke von Michel Becker.«

Und dann hab ich gesagt: »Ja, die können auch da nicht drin stehen, ich hab die nicht gelesen.«
»Ja, warum das denn nicht?«
Und da habe ich nur gesagt: »Die Arbeiten meines Vaters liegen mir nicht.«

In seiner Zeit war Michel B. – zumindest im Rheinland – nicht unbekannt. Kaum einer seiner Romane, und die bringen es immerhin auf gut einen Regalmeter, kaum einer blieb unter einer Auflage von 10.000. Er wurde gelesen, in allerdings relativ eng umrissenen Kreisen. Literarisch war er in seiner rückwärtsgewandten Orientierung an der Schreibe des 19. Jahrhunderts eher unbedeutend. Expressionismus, Dadaismus, Surrealismus, die Literatur der Arbeiterbewegung, das dialektische Theater, alles zeitgenössisch Innovative ging spurlos an ihm vorüber. Er pflegte obsessiv eine Art neoromantisch-religiösen Realismus. Blieb also harmlos. Und in sich extrem widersprüchlich.

»Judas lacht Hohn in mir. Luzifer schreit seinen Jubel, dass die Eulen fliehen. Ich bin einer Hexe Sohn, ich reite auf dem Besen meines Verlangens. Gott hat mich fallen lassen. Mädchen, der Verräter kommt. Seine Lippen sind schon gespitzt zum Kuss des Verrates. – Gott, ich rufe aus meiner Tiefe.«

Vor allem aus der Tiefe allzu später Stunde, wenn in den Gläsern die warm gewordenen Bierpfützen abstanden, weil mein Großvater und seine Zechbrüder einfach nicht mehr konnten. Da wurden dann die biblischen

Gebote der Stunde so unausstehlich wie besagte blasse Tümpel in den Gläsern. Dann brüllten sie vor Lachen, schlugen sich auf die Schenkel, und er raunte ihnen und sich zu: »Liebe die Nächste wie dich selbst! Aber um Gottes Willen nicht *mehr* als dich selbst. Und auf keinen Fall mehr als die vorherige. Letzteres führt zu verqueren Illusionen, Ersteres zum Alkohol.« Und schließlich waren denn doch auch die letzten abgestandnen Quappen weggeschlürft.

»Ich möchte meinen Kopf mit dem sorglich gezogenen Stadtscheitel dem Wind freigeben«, schrieb er 1932 in seinem Roman *Ein Weg*.

Dabei war der Fluchtpunkt, wo er seinen Scheitel in den Wind halten wollte – egal, wovor er auf der Flucht war: vor den Nazis, vorm Krieg, vor irgendwelchen Gläubigern, vor seinen Lastern, vor der eignen Zwiespältigkeit –, sein Fluchtpunkt war seit jeher die Eifel. Sowohl in der Zeit vor als auch nach den fünf, sechs Jahren, in denen er wirklich dort gelebt hat: In Engelgau, wo die Kirche noch im Dorf steht. Heute ein Ortsteil der Gemeinde Nettersheim.

O-Ton 13:
Ursula Land, geb. Becker

Der Oberpfarrer Geller hat en Auto jemietet, un dann sind wir da hinjefahren, un der Vater war Feuer und Flamme! Also es war das Eldorado. Ne?

Ich sofort aus der Schule raus, un dann ham sie Farbe einjekauft und Pinsel und solche Quaste, also überdimensionale Quaste. Un der Vater fing an zu streichen. Und, hahaha, an die Schau muss ich immer noch denken. Er kam also nich an die Decke und stand dann auf dem Stuhl und hielt sich den Rücken und hatte diesen Quast und strich die Decke, aber das war eine Balkendecke, un die Balken hatte er sich vorjestellt, die sollten dunkelbraun werden. Und dann hat er erst die Balken jestrichen. Und dann hat er dat Weiße jestrichen, versucht zu streichen.

Et Jüppschen kam un sagt: »Nää, so gibt dat nix.« Ne? Und dann hat der Vater bald en Tobsuchtsanfall gekriegt, und da hätt dat Jüppschen jesagt: »Soll ich Ihnen helfen?« »Ja, du Buuren Bellremmel, wenn du't willst, dann tu et.« Nach zehn Minuten kam Jüppschen wieder, hatte einen winzig kleinen Pinsel, band den an 'n Besenstil, stellte sich hin und strich. Und der Vater stand fassungslos daneben.

Mit besonderer Hingabe kolportierte meine Mutter das Gerücht, sie sei mit ihrem Vater siebzehnmal umgezogen. Immer dann, wenn die Anstreicher hätten kommen müssen, habe er es vorgezogen, eine neue Wohnung zu suchen. Würde, wenn man ein wacker entwickeltes Renovierungsbedürfnis in Rechnung stellt, heißen, alle drei, vier Jahre. Was wiederum bedeutet, dass sie mit ihm in den dreiundzwanzig Jahren, die sie gemeinsam auf diesem Planeten einherwandelten, vielleicht sieben-, achtmal umgezogen sein mag. Dass er jedenfalls nicht gerade ein Mann mit Bodenhaftung war, ist unbestritten. »Adler sind immer einsam«, heißt es in besagtem *Weg*. Indes ein Adler ist er nie gewesen. Ein Weidenlaubsänger eher.

O-Ton 14:
Ursula Land, geb. Becker

Irgendwann hatte er ein sehr schönes Zimmer – das hatte mit dem Bauhaus zu tun – bekam er also die Möbel für 'n Zimmer geschenkt. Wie der dat jemacht hat, das weiß der Himmel. Oder ob er die auch gepumpt hatte – aber die werden nie Geld jesehen haben. Mit Schreibtisch und Esstisch und sechs Bücherregalen, die noch so über Eck standen, für damalige Zeiten war dat natürlich umwerfend. Ne? Zu dem Esstisch jehörte 'ne Bank, un die Bank un die Stühle hatten Worpsweder Geflecht. Un dat wurde auch jedem erzählt, et sei Worpsweder Geflecht.

Da dieses alte Fachwerkhaus noch mit Kuhmist jedichtet war, wurde dat nie janz weiß. Un die Decke is immer marmoriert jeblieben. Un war natürlich bildschön. Sah janz fantastisch aus. Und dann kam dann dieses schöne Zimmer mit dem Worpsweder Geflecht vom Bauhaus da rein, war 'ne Wucht! Wenn er arbeitete, war das Arbeitszimmer, und sonst benutzten wir das als großes Wohnzimmer.

Vielleicht frönte Michel B. auch deshalb dem Nomadismus, weil er der Hoffnung aufsaß, hier werde alles besser als dort. Der irrigen Hoffnung, versteht sich. Er war und blieb bodenlos, im wahrsten Sinne des Wortes. Fand in sich selbst keine Ruhe und am unbekannten Ort ebenso wenig. Kein Ort nirgends. *»Mein Weg ist der Weg einer langen Wanderung gewesen.«* Immer auf der Suche nach Bestätigung, die ihm jedoch nie zuteilwurde. Und wenn er sie wider Erwarten doch fand, etwa in der unumstürzlichen Liebe meiner Großmutter, so war es nicht die, die er suchte. Also suchte er weiter. Immer anderswo und immer bei anderen – Frauen. Und also konnten es prinzipiell nicht genug sein, nicht Orte, nicht Frauen. Und alles wuchs hoch hinaus. *»Brückenwerfer zu Gott«* hat Michel Becker sich selbst genannt und damit sein literarisches Manifest festgezurrt. Kein Geringerer wollte er erklärtermaßen sein als der *»Rufer in der Wüste«*, eine Art Johannes der Täufer im 20. Jahrhundert. *»Aus keinem Menschen, der nicht besessen ist, kommt etwas Ganzes.«*

Ob er sich seine Literatur selbst geglaubt hat? Vermutlich zog er sich auf den Gedanken zurück: ein Stuhl mit vier ungleichen, schlecht verleimten Beinen zwar, aber allemal besser als keiner sitzt drauf.

Mein Großvater beugte sich, wenn er denn zu Hause weilte, mit Vorliebe im Morgengrauen über seinen *»Schrieves«*. Ab vier Uhr morgens bis zehn, elf Uhr. Trank literweise pechschwarzen Kaffee und hüllte sich in Zigarettenrauch. Wenn Geld dafür da war. Aber dafür war immer Geld da, selbst wenn er mal wieder keinen Pfennig auf der Tasche hatte.

O-Ton 15:
Elfriede Kern

Nein, der war nicht fleißig, der hat nur unter Druck gearbeitet: Das muss jetzt endlich werden! Der war nicht fleißig, der war versoffen. Das war er, ein Schwiemeler, ein sympathischer Schwiemeler. Auch die Schwiemeler haben ja eine sympathische Seite an sich. Menschen, die zielbewusst sind, sind ja schwer zu ertragen. Aber welche, die in der Luft hingen, sind leichter zu ertragen.

Wenn er dann aber einmal zum Arbeiten gefunden hatte, konnte er das – nach Auskunft meiner Mutter – über Wochen durchhalten. Zauberte apostolische Bekenntnisse von schwülstiger Wortschwere aufs Papier und Figuren, die erfüllt waren von frohlockender Gottergebenheit. Entwarf szenische Lobgesänge beispielsweise auf den allem Weltlichen entsagenden Franz von Assisi, errichtete gottpreisende Meilensteine am rechten Pfad, ließ die gebenedeite Frau erstehen, die sich frohlockend verzehrt, in selbstloser Demut dient und freilich keinerlei Aufhebens davon macht.

Die Predigt »*vom marianischen Menschen, der sich sinnvoll verschwenden und gleichzeitig in Zucht dienen kann*«, schrieb er ins »*Geleit*« zu seinem chorischen Schauspiel

Die neue Zunft. Und: »*Selig sind die, die den Frieden haben, seliger aber sind jene, die in der Liebe gehen, denn sie sind nicht nur des Friedens gewiss; sie haben die Einfalt, die Sanftmut und Duldung.*« Auf die er wie kein Zweiter angewiesen war.

Marianisch hin oder her, Klock elf war Dienstschluss. Spätestens. Dann fiel ihm der Stift aus der Hand. Er ging ein Ründchen spazieren und anschließend ein Ründchen schlafen. Sofern indes sein Gemüt weniger sanft gestimmt war, schraubte er seinen Füller zu, stand auf vom Schreibtisch, warf noch einen flüchtigen respektive verächtlichen Blick aufs buchstabenschwere Papier, drehte sich auf der Hacke um und schmiss mit generöser Geste all jene religiös durchtränkten Maximen über Bord, die er eben noch in seinen Romanen, Gedichten, Dramoletten beschworen hatte. Umstandslos ließ er die Sau raushängen, stürzte mit Pauken und Trompeten in der nächstbesten Schenke ab. In Engelgau, wenn er denn zu Hause weilte, mit Vorliebe in Hubert Bresgens Schankwirtschaft. Hut, Schal, Moral und guten Glauben hatte er am Kleiderständer abgehängt und machte sich am Tresen breit. Am nächsten Tag dann fiel seinem Katerkopf siedend heiß ein: Da war doch noch was am Kleiderständer!

Nicht selten auch war es mit einem halben Tag oder einer halben Nacht nicht getan. Dann ließ er meine Großmutter – Käthe Becker, anderthalb Jahre älter als ihr Mann und bei ihrer Heirat bereits als »altes Mädchen« geltend, sie gebar im Alter von einundreißig das einzige Kind, das überlebt hat: Ursula, meine Mutter. Zweiundneunzigjährig starb Käthe B., überlebte ihren Mann mithin um fast vier Jahrzehnte, zehrte von dieser Liebe fast doppelt so lange, wie sie real existierend währte –, Michel B. also ließ meine Großmutter mitunter tagelang warten. Freilich, ohne Bescheid zu geben.

O-Ton 16:
Elfriede Kern, Verlegerin

Ich hab die Frau Becker dauernd jejen ihn aufgehetzt: »Sie müssen sich wehren! Dürfen sich's nich jefallen lassen!« Dat wusste der. Er wusste, dass ich sein Gegner war. Ich hab nur die Frau Becker vor ihm zu schützen versucht. Ne? Weil die Frau Becker mir leidtat, die war ja auch das Opfer. Kam aus kleinbürjerlichen Kreisen, kommt mit 'ner Familie in Berührung, wo der Sohn en Dichter is! War schon bisschen reifer. Er hat ja natürlich mir auch alles so erzählt: »die ahl Jungfrau!« Dann hätte die ahl Juffer da jesessen, hat der mir erzählt, ne?, und hätte sich Blumen jekauft und Karten dran geklebt, als wenn dat ein Jeschenk von ihm gewesen wäre, dann bekam sie also Blumenjebinde jeschickt zu ihr in den Kaufhof von ihrem Dichterfreund, wat sie selbst bezahlt und bestellt hatte, – wat Frauen machen, um vor anderen Frauen groß zu sein, um zu zeigen, wie der Mann sie liebt. Dummheiten. Ne? Sind dat. Dummheiten. Dat hat der mir alles, alles, alles erzählt.

Wenn er sich mal wieder von zu Hause abgeseilt hatte, suchte er keineswegs jene auf Hunderten von Seiten gepriesene »marianische Frau«, sondern gab sich vielmehr allerhand Geschlechtsvertraulichkeiten mit gern auch eher einfach gestrickten Frauen hin, vernaschte das eine oder andre »Eifeler Bauernmädchen«. Insbesondere wenn es nicht ganz unansehnlich war, eine gute Figur machte und hatte, vergaß er alle guten Vorsätze und seinen Schal.

Oder er ging auf Reisen, um irgendeinem Gottesmann auf die Pelle zu rücken, wenn es galt, für sich und seine Familie ein Almosen zu erbetteln oder wenigstens ein Darlehen zu erwirken. Ohne es freilich jemals wieder zurückzuzahlen. Weshalb er sich in bestimmten Regionen des Rheinlands und der Eifel nicht mehr blicken lassen konnte.

9

Und so möchte ich uns alle noch einmal daran erinnern, dass sich während dieser Tage geistlicher Übung zur Ehre Gottes das ganze Kloster in Klausur befindet. Die Pforte ist geschlossen. Niemand kommt hinein, und niemand auch hinaus. Und selbstredend üben wir uns im Namen Benedikts in Abstinenz von Genüssen gleich welcher Art. Um es noch einmal festzuhalten: Unsere Abstinenz erstreckt sich auf alle, ich betone«, und dabei sah Abt Ildefons meinem Großvater völlig unverhohlen direkt ins Gesicht, »erstreckt sich auf alle Lebensbereiche!«

Michel B., in der Klammer des gestrengen Blickes, nickte eifrig. Als er jedoch verstohlen in die Runde sah, entging ihm nicht, dass er der Einzige war, der meinte, seine Zustimmung zu den gewichtigen Worten des Abtes bekunden zu müssen. Kein andrer, weder die Ordensbrüder noch die Laien, verzogen eine Miene. Stoischer Gleichmut lag wie Mehltau über den Herren.

Maria Laach. Tausendjährige Benediktinerabtei, die in knapp dreihundert Metern Höhe wie eine eckige Glucke auf dem zugigen Hochplateau der Vulkaneifel thront und mit ihrer sechstürmigen Kirche die Zeitläufte aus weitem Abstand bewacht oder doch betrachtet. Mein Großvater war der persönlichen Einladung des Abtes nachgekommen und hatte sich in der Karwoche also in jenem weiß getünchten romanischen Gemäuer eingefunden. Als er jedoch erfahren musste, dass die vorösterlichen Exerzitien dort verbunden waren mit dem höchst unangenehmen Begleitumstand feierlicher Entsagung, fiel seine stolzgeschwellte Brust augenblicklich wieder in sich zusammen. Und kaum dass er die Abendglocke vernahm, wusste er sich gewisser Anwandlungen nicht zu erwehren. Er verkniff sich die Vesperandacht und erkletterte mit einer Katzenbehändigkeit, die seinem schreibtischgebeugten Körper eigentlich kaum zuzutrauen war, die Klostermauer und tat einen durchaus gewagten Sprung in die Freiheit. Auf dem Boden der Tatsachen angekommen, dankte er Gott in gebotener Eile für die nicht verknacksten Haxen und sah zu, dass er zügig Abstand gewann vom Kloster. Nur ganz kurz, klar! Schnell nur auf ein Bier und einen Kurzen, und danach direkt wieder zurück; müsste auf jeden Fall möglich sein, rechtzeitig vorm Ende der Andacht wieder im Kloster zu sein.

Michel B. lief zum Seeufer hinunter und ließ den Blick kurz über den Horizont aus mehreren hintereinander gestaffelten Wellen gemächlicher, flach buckliger Höhenzüge schweifen, deren alte, bereits löchrige Schneedecke die ersten ginstergefleckten Wiesenkissen freigab. Hier und da unvermittelt überragt von den knorzigen Lavastrünken, die vor ein paar Tausend Jahren der Deibel ausspie. Mein Großvater wusste, dass diese ungehobelte Landschaft, die er hier in vollen Zügen genoss, für die Bauern ein knochenhartes Los war. Der Boden gab nichts her, ließ sich nur unter größten Mühen ein paar Fuder Heu abringen und, wenn's gut ging, ausgesprochen gut ging, ein paar Sack Gerste. Und auch die Ruhe des Laacher Sees, der wie ein großes Auge in der Landschaft lag und Michel B.'s Stippvisite mit leichtem Wellengekräusel quittierte, war trügerisch. Das größte Maar der Eifel. Gespeist von einem starken Grundwasserstrom, der den See das ganze Jahr über eiskalt hält. Schwarzes Wasser überm Eingang zur Hölle. Auch wenn unten in fünfzig Metern Tiefe der Lavakamin am Ende des Seetrichters längst erkaltet ist. »Ein einziger Schluck Luzifers, und der See ist leer, und drunter tut sich die glühende Seelenküche auf«, schoss es Michel B. durch den Kopf, um dann unvermittelt loszulachen, »nicht zu glauben, was einen hier für Mätzchen anwandeln, Kinderfantasien, frömmelnde Schreckgespinste.«

Er wandte sich ab und steuerte die nächstbeste Bauernkneipe an. Rauchiger Nebel schlug ihm entgegen und ab- und anschwellendes Gelalle und Gezeter mit Eifeler Zungenschlag. Genau die raue Gastlichkeit, von der er sich magisch angezogen fühlte, sodass er sich umstandslos an die Theke hockte, ein Bier herbeischnipste und auf die nicht ganz schlanke, so doch bildhübsche Wirtstochter einquasselte.

»Was führt Sie hierher in unser schönes Maria Laach?«, fragte diese, ohne aus ihrer Neugier einen Hehl zu machen.

»Der Glaube.«

»Ach, ein Pilger?« Die junge Frau klang irgendwie enttäuscht.

»Der Glaube, dass der Glaube Berge versetzt und Konten bewegt.«

»Ich versteh nicht recht«, murmelte es auf der anderen Seite der Theke.

»Macht nichts, schönes Kind«, grinste Michel B., »jedenfalls bin ich jetzt hier. Das aber auch nur, weil ich getürmt bin, über die Klostermauer, unter Einsatz meines Lebens.«

»Ein Pilger auf der Flucht.«

»Flucht ist bei mir Dauerzustand. Diesmal auf der Flucht vorm Abstinenzgebot.« Michel B. schlürfte genüsslich ein paar Schluck Bier.

Die Wirtstochter lächelte vielsagend. »Ja, zurzeit vergnügen sich die Patres mit Verzicht und Entsagung. Allerdings nur in der Karwoche. Ansonsten sind sie dem ein oder andern Gläschen durchaus zugetan.«

»Und diese Entsagungsvergnügungen erstrecken sich auch auf allerhand andere Gelüste«, bestätigte mein Großvater.

»Die vorösterlichen Exerzitien sind eben keine verspätete Karnevalssitzung. Aber – aber wenn Sie daran teilgenommen haben – zumindest anfangs –, dann müssen Sie meinen Bruder kennen!«

»Ihren, ehm, ich bin mir jetzt nicht so ganz sicher.«

»Doch doch«, beteuerte das junge Mädchen mit vor Stolz bebender Stimme, »der ist Mönch da. Und kein gewöhnlicher!«

»So, ach so. Ja, dann … Wie heißt denn Ihr Bruder?«

»Bruder Clemens.«

»Ach.«

»Ja, genau der«, nickte die Wirtstochter eifrig, bevor sie plötzlich innehielt und kleinlaut nachschob: »Glauben Sie, er hat mitbekommen, dass Sie getürmt sind?«

Michel B. wandte sich ab und warf einen Blick in den inzwischen finsteren Abend hinterm Kneipenfenster. Als könne er draußen irgendwas erkennen, sagte er versonnen: »Mein Gott, die Landschaft hier ist einfach fantastisch, dieser Blick auf den See. Sagen Sie, werden Sie da nicht unruhig, immer den wunderbaren Ausblick vor der Nase, der zieht einen doch gradezu nach draußen, raus in die große Welt!« Sprach's und malte sich den Fernwehduft aus, den ihre drallen Schenkel aussenden mochten.

»Ach, wissen Sie«, antwortete die junge Frau, ebenfalls versonnen, »die weite Ferne, für 'n Eifeler Mädchen: unerreichbar. Nicht unsre Welt.«

»Es sei denn, ein Märchenprinz kommt daher.«

»Auf'n Arm nehmen kann ich mich selber«, kam es trotzig zurück.

»Willst du nicht Michel zu mir sagen?«

»Wir dürfen die Gäste nicht duzen.«

»Vielleicht bin ich ja auch mehr als nur 'n Gast.«

»Der Märchenprinz?«

»Vielleicht.« Michel B. ließ das Wort seicht auslaufen und leicht wie eine Federwolke auf den Rauschwaden der Wirtsstube dahinschweben.

»Ich muss bedienen, pardon.«

Niemand hatte nach ihr gerufen. Die wenigen Gäste waren bestens versorgt, der Wirt hinter seiner Theke putzte mit kontemplativer Gelassenheit mindestens zum dritten Mal die gleichen zehn Biergläser.

Mein Großvater indes war schlau genug, die eigentliche Angriffswelle auf den nächsten Abend zu verschieben. Er ließ sich von der Schönen noch ein Gedeck rüberreichen, kippte ab und beeilte sich, den geordneten Rückzug ins Kloster anzutreten. Nicht ohne genussvoll dem heiß begehrten Britzeln in der Magengrube nachzuspüren.

So überrascht wie stolz, die Auszeit nicht überreizt zu haben, fiel ihm plötzlich auf, dass er nicht den geringsten Gedanken dran verschwendet hatte, wie denn die Mauern der heiligen Hallen in der Gegenrichtung zu überwinden seien. Den Weg jedenfalls, den er gekommen war, würde er nicht wieder einschlagen können, da die Klostermauer an dieser Stelle von außen nicht zu nehmen war. Je mehr er sich jetzt dem Kloster näherte, desto klarer wurde ihm, wo der entscheidende Schwachpunkt der sakralen Festung sein musste. Die frühe Dunkelheit der vorösterlichen Nacht hatte sich bleiern auf die alten Mauern gelegt, als Michel B. eine weitläufige Umrundung des heißen Breis antrat. Von hinten durch die Brust ins Auge – so der vielleicht mag sein möglicherweise denn doch nicht ganz so originelle Schlachtplan.

In der Tat, auf der Seite des Klostergartens war die Mauer kaum mehr als mannshoch. Die Risse und Fugen im Mauerwerk gaben selbst den fahrigen Füßen eines Michel B. hinreichend Halt. Eh' er sich versah, war er auf der andern Seite gelandet. Duckte sich hinter einen der kahlen Holunderbüsche und schickte ein weiteres Mal dankerfüllte Stoßgebete gen Himmel. »Gott ist doch ein Mann der Güte, sieht seinem verirrten Schäflein den kleinen Ausbruchversuch nach, lässt wohlwollendes, fast marianisches Verständnis von Mann zu Mann walten statt moralinsaure Erbsenzählerei«, murmelte er erleichtert und schob schnell noch ein Loblied nach, womit's denn aber auch sein Bewenden haben musste. Schließlich hatte er noch ein gutes Stück Weg vor sich.

So schnell die unbarmherzige Finsternis es zuließ, durchmaß mein Großvater den Klostergarten. Unter Vermeidung der knirschenden Kieswege. Was allerdings zur Folge hatte, dass er, ohne sich darum bekümmern zu können, die Sprösslinge im ein oder andern Frühbeet unterpflügte und mit jedem seiner Schritte im weichen Aprilboden ein wunderbares Relief hinterließ, das jedem noch so stümperhaften Jungdetektiv zu übergroßer Freude gereicht hätte. Schließlich und endlich stand er am Hauptgebäude vor der Tür des Hintereingangs, musste allerdings sogleich feststellen, dass er die Gründlichkeit und das Sicherheitsbedürfnis der Ordensleute unterschätzt hatte. Die Klinke ließ sich – nicht ohne einen markerschütternden Schrei nach vorletzter Ölung auszustoßen – zwar runterdrücken, aber die Tür selbst gab keinen Millimeter nach. Verriegelt und verrammelt. Kaum zwei Schritte weiter jedoch, der göttlichen Fügung sei Dank, war eins der schmalen Korridorfenster geöffnet. Mein Großvater schwang sich auf die Brüstung, drehte den Oberkörper zwecks Querschnittverringerung mit der Schmalseite nach oben und schickte sich soeben an, den Restkörper nachzuziehen, als er sich mit dem Hosenbund im Fensterrahmen verhakte. Und der Deibel wollte es, dass einer seiner Exerzitienmitstreiter auf dem Rückweg von der Notdurftverrichtung des Dramas gewahr wurde und in der freilich irrigen Annahme, hier wolle sich womöglich ein gottloser Gesell der Sakralkunst oder welcher Reichtümer des Klosters auch immer bemächtigen, den unglücklichen Michel B. kurzerhand in seiner misslichen Lage stecken ließ, in die Klosterkapelle eilte und den Abt aus der Andacht heraus in den Flur zog.

Als Abt Ildefons in besagtem Einbrecher meinen Großvater erkennen musste, spätestens aber als er dessen angestrengten Atem zu riechen bekam, begriff er, was sich abgespielt haben musste. Ihn wie einen Kartoffelsack wieder nach draußen in den Klostergarten zu schubsen und mit einem deftigen »Der heilige Benedikt lässt sich nicht an der Nase herumführen!« das Fenster zuzuknallen und zu verriegeln, war eins!

So weit also die Beziehung meines Großvaters zum katholischen Widerstand.

Reichlich konsterniert, so schnell wieder zurück in der nasskalten Finsternis des Klostergartens gelandet zu sein, obwohl er sich recht eigentlich doch auf dem Pfad reumütiger Tugend befunden hatte, trat Michel B. unmittelbar nach seinem Laacher Fenstersturz die Rückkehr von der Rückkehr an und begab sich ein zweites Mal in jener Aprilnacht in die Bauernkneipe, wo er der verblüfften Wirtstochter kurz angebunden bedeutete, sie möge ihren Vater bitten, seines Amtes zu walten und ihm ein Zimmer zu offerieren.

Anderntags wachte er mit zwei durchaus frohlockenden Gedanken auf: Zum einen ersparte ihm die unnachgiebige Strenge eines Ildefons Herwegen, an den kommenden Abenden ähnlich nervenaufreibende Prozeduren veranstalten zu müssen. Zum andern hatte ihn das Schicksal durch die Geschehnisse des vergangenen Abends dazu verdonnert, noch einige Tage hier in der Fremde zuzubringen, käme er doch andernfalls nicht umhin, sich bei seiner Frau unsterblich mit der Geschichte seines Mauersprungs zu blamieren.

Ob sie ihm nicht wenigstens ihren Namen sagen wolle, fragte er die Wirtstochter, die ihm dienstfertig das Frühstück servierte.

»Regine.«

Die in ihrem Gesicht aufsteigende Röte verriet ihm: Heute würde sie seinen Avancen erliegen. Und als er ihr noch ein paar geschickt verpackte Komplimente rüberschob und schließlich sagte, dass er sich jetzt auf sein Zimmer zurückziehen müsse, die Arbeit an seiner gottesfürchtigen Dichtung dulde nicht länger Aufschub, da schmolz sie bereits dahin wie Butter an der Sonne. Dass er sich in seinen Gemächern schlicht aufs Bett werfen und sein Morgenschläfchen ansetzen würde, musste sie ja nicht wissen.

Am frühen Karsamstagabend ließ Michel B. sich wieder in der Wirtsstube blicken. Frisch rasiert, das Hemd stramm gezupft, sogar mit Krawatte bestückt. Den Knoten freilich hatte ihm zu Hause seine Käthe präpariert, sodass er den Schlips nur um den Hals hatte legen und festziehen müssen, ohne sich in gordische Verknotungen zu verstricken. In für seine Verhältnisse feinem Zwirn also ließ er sich mit majestätischer Würde an der

Theke nieder, bestellte bei Regine höchst beiläufig ein Bier, ein erstes Bier, zückte einen kleinen Notizzettel und las ihr, sowie sie mit dem Glas anbalanciert kam, ein paar Zeilen aus seiner *Hymne auf einen See (Den Söhnen St. Benedikts in der Abtei Maria Laach)* vor:

»Liebende Wasser beschenken die Ufer
endlos mit Küssen seraphischer Liebe,
selig beglückte und treue Umarmung
schenkt dir das nieder sich neigende Land,
das du zu seliger Brautschaft dir suchtest.
All deine Tiefen sind voll von Geheimnis,
und deine Seele verkündet sich immer nur
in der ernsten, verhaltenen Keuschheit …«

Regine hing an der Angel. Dass es sich bei diesen ganz nach Beckerscher Manier geschraubten Versen um eine Mischung aus euphemistischer und hilflos tröstender Umschreibung des mönchischen Zölibats handelte, entging ihr. Sie versuchte nicht mal mehr, sich loszuzappeln. Jetzt musste Michel B. nur noch diesen langen Abend rumbringen, bis sie ihren Thekendienst abgewickelt hatte. Lange Stunden, die er dazu nutzte, immer wieder feine Tautropfen vornehmer Komplimente durch den Kneipenmief schweben und sich auf ihrer heißen Stirn absetzen zu lassen. Bis er sich schließlich so in Fahrt gesülzt hatte, dass er kaum merkte, wie er, um ihr Vertrauen endgültig auf seine Seite zu ziehen, ein streng zu hütendes Geheimnis ausplauderte, tuschelnd und flüsternd, aber doch unüberhörbar: »Und da oben im Kloster – aber das nur unterm Siegel der

Verschwiegenheit – da oben bin ich auf die Crème de la Crème des katholischen Widerstands gestoßen. Adenauer, kennst du den? Und von Galen, der Löwe aus Münster. Und solche Größen haben sich eingefunden. Klar, dass da Abstinenz von jedweder Lust und Laune das Gebot der Stunde ist. Gottlob gibt's so wackere Ritter des Herrn noch. Und gottlob bin ich keiner von ihnen.«

»Andernfalls hätten Sie sich den Sprung über die Mauer ja wohl kaum leisten können«, parierte Regine.

»Eben.« Mein Großvater registrierte nicht ohne Verblüffung, dass sich die Eifeler Schönheit ausgesprochen wenig beeindruckt von der Prominenz seiner angeblichen Gesprächspartner zeigte, und wechselte umgehend das Thema. »Und über welche Mauern pflegst du zu springen? Deinen Händen nach zu urteilen, bist du dir für Arbeit nicht zu schade.«

»Aber jetzt ist erst mal Ostern.«

»In, warte ...«, Michel B. schlürfte den letzten Rest aus seinem Glas und zerrte die Taschenuhr an ihrer Kette aus der Weste, »... in genau zweieinhalb Stunden. Noch ist Fastenzeit.«

Regine verschluckte sich an dem Schluck Bier, den auch sie sich just gegönnt hatte. »Schon wieder eine Sünde. Bier vorm Ende der Fastenzeit!«

»Ego te absolvo a peccatis tuis«, war Michel B. zur Stelle.

»Augenblick mal, das ist ...«, Regine schüttelte sichtlich bestürzt ihren schönen Kopf, »das ist Gotteslästerung. Sie werden mir allmählich unheimlich.«

Aber mein Großvater war längst nicht mehr zu bremsen. »Regine, holdes Mädchen, hast du heut Abend schon was vor?«

»Ich versteh nicht, der Abend ist doch längst dran.«

»Aber die Nacht danach noch lang«, sonnte sich mein Großvater in den verlockenden Aussichten, »und es ist immerhin die Osternacht. Lädt die nicht ein zum Osterspaziergang?«

»Sie sind sich bewusst, dass es wieder angezogen hat und wir 'n paar Grad unter null haben, ja?«

»Was draußen anfängt, muss ja nicht draußen enden«, ließ mein Großvater vernehmen.

Die Zeit, bis er der letzte Gast war, wurde ihm ziemlich lang. Zumal er aus taktischen Gründen in einem fort den Eindruck erwecken musste, er sei mit seiner Dichtung befasst und hebe die Augen nur ab und an gedankenverloren, treffe wie zufällig Regines Blicke. Als diese schließlich neben seinem niedergesunkenen Schädel auf die Theke trommelte und die Sperrstunde reklamierte, entschuldigte er sich eilfertig, oh, tue ihm leid, dass er die Zeit völlig aus dem Blick verloren habe, aber in ihrer Gegenwart rege sein Pegasosross die Flügel wie im Sturmwind!

»Ach, Sie machen sich bloß lustig über ein vergessenes Eifeler Mädchen.«

»Aber ich bitte dich! Nichts liegt mir ferner«, entgegnete Michel B. im Sinne der weiteren Entwaffnung einer etwas zugeknöpften jungen Dame.

»Versuchen mir einfach bloß den Kopf zu verdrehn.«

»Und? Hab ich Erfolg?«

Regine nahm sein Glas und wusch es im kalten Bierschaum-Wasser ab, während sie diensteifrig feststellte, der Vater sei schon zu Bett gegangen und sie sei es, die jetzt die Schankstube zu schließen habe. Er möge sich also bittschön auf sein Zimmer begeben.

»Klar, selbstverständlich. Aber könnte ich dich vielleicht trotzdem noch um einen kleinen Gefallen bitten, Regine? Kannst du mir, wenn du hier mit allem fertig bist, noch einen dampfenden Kaffee aufs Zimmer bringen?! Schwarz, bitte.«

»Einen Kaffee?« Sie nickte verlegen. Und um ihre anlaufende Gesichtsfarbe nicht offenbaren zu müssen, wendete sie sich mit übertriebener Geschäftigkeit den Arbeiten hinter der Theke zu. Michel B. klappte sein Notizbuch zu und zog sich gemessenen Schrittes in seine Gemächer zurück.

Dass der Kaffee in jener Nacht zwar auf dem Zimmertisch meines Großvaters ankam, aber nie getrunken wurde, versteht sich von selbst. Weder Regines blütenweiß wulstige Schenkel noch ihr orientalischer Fernwehduft – oder das, was mein Großvater dafür hielt, da er selbstredend eine Reise in den Orient schon der finanziellen Schranken wegen nie hat unternehmen können – blieben hinter seinen Erwartungen auch nur ein Gran zurück. Er tauchte Fingerbreit um Fingerbreit zunächst die Hand und im Zuge fortschreitender Ekstase aufseiten Regines sein Gesicht in ihre geheimsten, meerhaft verschlungenen Gefilde. Die saugend atmende Bewegung ihres ausufernden Unterleibs, die aus kochender Klamm hervorströmenden Säfte, die Glocke arabischer Düfte, der letzte, erhebende Gipfelanstieg, das kraftlose Zurücksinken in die Kissen der Nacht – Michel B. wähnte sich im Paradies.

O-Ton 17:
Elfriede Kern

Ich glaube nicht mal, dass er viel Triebe gehabt hat, die sind im Alkohol untergegangen. Wo sollte er denn die Kraft noch hergenommen haben? Brauchen doch Männer Kraft für! Was er da zu verpuffen hatte, das hat er in der Ehe früher verpufft. Nee, dat jlaub ich nicht. Ich glaube auch nicht, dass er bei Frauen angekommen wäre. Außerdem hatte er ja noch nicht mal Geld. Das ist ja noch ein wichtiger Punkt dabei. Für die jewisse Art von Frauen. Ach nein, bei Frauen kam der nicht an. Oder das müssen alte Tanten gewesen sein, die vielleicht, wo er dann mit dem lieben Herrgott oder dem lieben Herzjesuleinchen ... Ich weiß es nicht.

Auf Samtpfoten schlich Regine sich in den frühen Morgenstunden in ihre Kammer; grade noch rechtzeitig, sich vorm Antreten zum Frühstücksdienst ein frisches Kleid überzuziehen und eine Handvoll Wasser ins Gesicht zu werfen. Mein Großvater hatte sich ohnehin ausbedungen, dass sie jede tiefer gehende Waschung unterlasse, damit der Geruch ihrer Liebesnacht sie beide den langen Tag über wie eine Aura umgebe. In angemessenem Abstand traf auch er schließlich in der Gaststube ein, schlaf- und liebestrunken, und bestellte seinen Kaffee. Auch den Ostersonntag verbrachte er ganz im Zeichen seiner gottgesegneten dichterischen Fantasiearbeit, pendelte einige Male zwischen Seeufer und Gasthauszimmer hin und her. Jeder Hauch ihres vorbeifliegenden Duftes machte ihm den Aufenthalt in Regines Reich unerträglich. Nicht mal zum Mittagessen fand er sich im Speisezimmer ein, polterte allerdings möglichst laut die Treppe hinauf, um die Mittagsruhe in seinem Zimmer zu verbringen. Ein Signal, das Regine wohl verstand, dem zu folgen sie allerdings nicht wagte. Denn ihr Vater meinte offenbar, gewisse Veränderungen in ihr bemerkt zu haben und sie nun mit Argusaugen beobachten zu müssen.

O-Ton 18:
Hans-Michel Becker

Also sein Verhältnis zu Frauen ist: vielschichtig! Vielschichtig.

O-Ton 19:
Elfriede Kern

Nett war er nicht, war kein netter Mann. Der war mehr ein Vagabund.

O-Ton 20:
Hans-Michel Becker

Er war wohl von sich ziemlich überzeugt. Obwohl der tägliche Umgang mit der Außenwelt ihn eigentlich hätte dazu bringen müssen, über manches nachzudenken. Aber das ist, ja, ist das das Künstlerische? Der konnte begeistern – also mich hat er nicht begeistert –, der konnte Pläne entwerfen. Ich hab ihn auch nicht als unsympathisch empfunden. Er hat viel zu wenig Einfluss auf mich gehabt, als dass ich ihm hätte etwas übel nehmen können. Also ich habe immer so das Gefühl gehabt, also der ist anders.

Der Abend war schon fortgeschritten, als sich Michel B., ein völlig unbedarfter, abgearbeiteter Gast, endlich wieder in der Schankstube einfand. Indes Regine hatte ihren Blicken, wie's schien, absolute Enthaltsamkeit aufgebürdet. Es gelang ihr, meinen Großvater den ganzen Abend über nicht ein einziges Mal anzusehn. Das war zu viel für ihn! War es doch keine fünfzig Stunden her, dass er dem engen Zugriff des klösterlichen Zölibats entronnen war – und jetzt das! Er trank. Soff. Soff mehr als seiner Geistesgegenwart zuträglich gewesen wäre.

»Schöne Frauen habt ihr hier. Verdammt schön. Und apfelrotrund in der Bluse.« Michel B. schnalzte mit der Zunge und grinste die großen Burschen vielsagend an, zu denen er sich gesellt hatte. Er beeilte sich, was den Alkoholspiegel und die Geschwätzigkeit anging, gleichzuziehen. Keinesfalls wollte er in dieser bierseligen Runde den Eindruck erwecken, er sei ein abgehobener Intellektueller, den man ruckzuck unter'n Tisch saufen könne.

»Sie sind nicht von hier, stimmt's?«, konterte einer der Kerle kühl.

»Bloß, dass eure Süßen immer nur die Arbeit im Kopf haben müssen!«

»Absolut fremd, oder wie oder was?«, brummte der Bursche neben ihm. »Hier oben wachsen keine, so gut wie keine Äpfel nämlich. Und rote schon mal gar nicht.«

»Aber Frauen wachsen hier«, versuchte es mein Großvater ein weiteres Mal mit forscher Heiterkeit.

»Wir mögen keine Fremden hier«, schaltete sich jetzt Regines Vater ein, der von der Theke aus sein verqualmtes Reich regierte.

Michel B. staunte nicht schlecht, immerhin lebte der Alte doch von den Gästen. Scheint's schluckten die Einheimischen genug, und er wollte sich's mit ihnen nicht verderben. »Da sind eure Fräuleins aber entschieden weltoffener.«

»Wär das Kloster nicht, wär'n auch keine Fremden«, murrte der Wirt und verpasste seiner Tochter einen Stüber, dass sie sich umgehend in die Küche begebe, den rechts hinten bestellten Strammen Max zuzubereiten. »Ihr seid auf jeden Fall nicht wegen uns hier.«

Die Abschiebung Regines jedoch spornte Michel B. nur noch mehr an, sich nicht abservieren zu lassen. Er griff mutig in die Ironie-Kiste: »Genau. Und dann klauen wir euch zu allem Überfluss noch die fleischigsten eurer Weiber!!«

»Und wenn einer unwiderstehlich ist, dann du. Oder wie?«, ließ auch der Wirt sich nicht lumpen.

Mein Großvater grinste frech zurück: »Eure Mädchen hier geben einem jedenfalls keinen Anlass, den Glauben daran zurückzupfeifen, dass man sie schwups um den elften Finger gewickelt kriegt. Im Gegenteil, ganz im Gegenteil.«

Womit dem Wirt denn doch die Hutschnur platzte. Er hieb mit der Faust auf die Theke, dass die Gläser nur so tanzten. »Ja, Scheiße, verdammt noch mal, welche denn? Butter bei die Fische, Kerl!«

»Regina zum Beispiel«, zeigte mein Großvater sich völlig ungerührt. »Oder Regine, heißt die Regine?«

Das verschlug dem Wirt die Sprache. Mit satanisch finstrer Miene widmete er sich dem Zapfhahn, während sich Michel B.'s Tischnachbar wieder einschaltete: »Heh, Mann, das ist dem seine Tochter! Lass die Finger davon, da is nix zu machen!«

»So?«

»Wenn wir von der gleichen Regine reden«, sagte der Bursche verschwörerisch leise und bohrte seinen Blick in die trüben Abgründe seines Bierglases, »wenn du hier die Kneipenmamsell meinst, die mit den schwarzen Locken und Augen dunkelblau wie's Maar unterm Augusthimmel, mit den knallroten Kirschen in der Bluse, da beißt du dir die Zähn' aus. Nicht nur, dass der Alte sie hütet wie sein' Augapfel, ihr Bruder ist hier bei den Gottesanbetern. Eins von den hohen Tieren sogar. Und sie hat sich, völlig bekloppt, von diesem Keuchheitsquatsch anstecken lassen. Was weiß ich, um ihr'm großen Bruder zu imponieren vielleicht. Is zum Kotzen. Zum Auskotzen von diesen sinnlos vergeudeten Früchten. Gib's auf, Kerl, gib's einfach auf!«

Michel B. aber fühlte sich durch dieses jaulende Lamento aufs Trefflichste gebauchpinselt. Er wechselte schwungvoll das Thema, hielt, was den Alkoholpegel anging, weiterhin wacker mit, riss den einen oder andern derben Witz, trieb makabre Possen und brüstete sich im Eifer des Gefechtes damit, aus der Karwochen-Klausur des Klosters entkommen zu sein. Was allerdings nichts als ungläubiges Kopfschütteln zur Folge hatte. Um sich indes nicht der drohenden Verspottung als Aufschneider auszusetzen, legte er noch eine Schippe nach: Trotz seiner begrenzten Verweildauer hinter den heiligen Mauern sei es ihm gelungen, die geheimsten Geheimnisse des Klosters rauszubekommen.

»Was denn, was für Geheimnisse denn, du Strunzer?«, kam es vom andern Ende des Biertischs.

»Na, dass sie den Adenauer zum Beispiel da verstecken.«

»Und?«

»Und für den ist kein andrer zuständig als Pater Clemens. Der Bruder von eurer schönen Regine hier.« Aber auch diese Eröffnung brachte ihm bei den Bierbrüdern nicht mehr als gelangweiltes Kopfnicken ein. Was interessierte einen dieser knochenkonservative Ränkeschmied aus dem fernen Köln! Mein Großvater begriff, er musste noch einen draufsetzen oder zwei. »Ihr werdet's nicht glauben. Aber ich hab's rumgekriegt, das Schwesterlein von diesem frommen Clemens. Und ich sag euch, die hat's faustdick nicht nur hintern Ohren!«

Worauf sich ein paar Tische weiter ein straff gescheitelter Mittvierziger bemüßigt fühlte, diagonal durch den Raum zu brüllen: »Was redet der da?!«

Stolz, nun endlich zum Mittelpunkt des Kneipengeschehens geworden zu sein, rief mein Großvater mit gehässiger Gelassenheit zurück: »Wieso, was denn? Hier ist bloß einer, der sich drüber amüsiert, wie hochkarätig sein Osternachtsopfer war, sein weißes weiches Osterlämmchen.«

Der Gescheitelte stieß seinen Stuhl nach hinten weg und kam mit bedrohlichen Schritten näher. »Ein bisschen genauer, wenn ich bitten darf!«

»Nee, dürft ihr nicht«, grinste ihm Michel B. ins Gesicht.

»Breuer, krieg dich ein«, murmelte noch einer der Tischnachbarn.

»Und *wie* ich das darf. Gestatten: Gotthelf Breuer, NSDAP-Ortsgruppenleiter.« Das Kneipengelärme wurde von zwei zackig zusammengeschlagenen Hacken vollends zum Schweigen gebracht.

»Ein süßes Narzisschen, ganz ein süßes«, markierte Michel B. den weiterhin Unbeeindruckten und gab sich der Hoffnung hin, Angriff sei auch hier die beste Verteidigung.

Breuer kniff die Augen zu schlangendünnen Schlitzen zusammen. »Clemens Brosbach hat Ihnen also seine Schwester Regine als Freiwild dargeboten. Bei welcher Gegenleis…?«

»Nee«, ging mein Großvater empört dazwischen, sah er doch seine Verführungskünste auf das Schmählichste herabgewürdigt, »so was schaff ich ganz ohne jeden Bruder Clemens.«

»Als Lockvogel, damit Sie sich zu was für Wehrkraftzersetzungsaktionen hinreißen lassen? Raus mit der Sprache!«, polterte Breuer. »Der Führer wird's sowieso gewahr.«

»Blanker Unsinn, nichts dergleichen! Ich wusste ja nicht mal, in welchem Verwandtschaftsverhältnis die Süße zu diesem Bruder Clemens ...« Michel B. unterbrach sich selbst, sprang auf und stieß seinen Stuhl mit den durchgedrückten Kniekehlen um, sodass dieser noch ein bedrohlich klapperndes Tänzchen auf der Rückenlehne aufführte. Im Eiltempo arbeitete er sich durch die Gaststube Richtung Ausgang, während er hinter sich sämtliche freien Stühle, derer er habhaft wurde, umstieß und dem Ortsgruppenleiter, der hinter ihm herhastete, vor die Senk-, Spreiz- und Plattfüße warf.

»Haltet ihn!«, kreischte Breuers Stimme durch die rauchgrauen Nebel. »Der Mann gehört zu einer Verschwörung!«

»Quatsch mit Soße! *Der* doch nicht. Der Hanswurst der«, röhrte der Wirt.

Doch Breuer stieß noch mal hervor: »Festhalten, sag ich!«

Aber niemand rührte sich. Alles behielt stur Heil Platz und glotzte in die durcheinandergewirbelten Zigarettenrauchschwaden, die schließlich ein weiteres Mal von Breuers schneidendem Gezeter aufgetrennt wurden: »Verdammt noch mal, das hat ein Nachspiel, Leute, dass ihr hier den Vaterlandsverräter entkommen lasst. Dafür gibt's eine saftige Quittung.«

Dem Wirt gelang hinterm Schanzwerk seiner Theke sogar eine Art Lachen. »Du siehst Gespenster, Breuer.«

»Brosbach, ich komme mir in zwei Stunden eine Liste mit sämtlichen jetzt im Moment Anwesenden abholen«, schrillte der Ortsgruppenoberon und wandte sich im Rausstürmen noch mal um. Seine Stimme aber hatte deutlich an Festigkeit eingebüßt, und seine zackigen Hacken kamen auf der Schwelle ins Stolpern, sodass er eilends den Blick wieder nach vorn richtete.

Für den Wirt Anlass genug, laut loszuprusten: »Ne Liste? Ich lach mich tot. Du kennst uns doch alle mit Vor- und Zunamen.« Worauf die ganze Mischpoke der Zechbrüder ebenfalls in lallendschallendes Gelächter verfiel. War man sich doch absolut sicher, dass Breuer heute Abend nicht wiederkommen würde. Die Schmach, mit leeren Händen vor versammelter Mannschaft diese alberne Liste einzufordern, würde er sich wohl kaum antun. Für biertriefenden Gesprächsstoff jedenfalls war einstweilen gesorgt.

Es dauerte denn auch nicht lange, da stand Michel B. hinterm Wirt und schlug ihm auf die Schulter: »Danke, das nenn' ich wahre Größe.« Und plötzlich musste er hell auflachen. Womit er unversehens das aus lauter Verblüffung verstummte Gelächter der Kneipenbrüder wieder anfeuerte. »So 'ne offene Hintertür ist Gold wert«, grunzte er, stellte, als wäre nichts geschehen, seinen umgestürzten Stuhl auf, nahm wieder Platz und lehnte sich genüsslich zurück, um das respektzollende Geraune der Bierburschen auszukosten. Doch der giftgrüne Blick, den Regine in seine Richtung abfeuerte, bevor sie wieder in der Küche verschwand, traf ihn wie ein Pfeil. Kein Zweifel, er würde sich erneut gehörig ins Zeug legen müssen, wollte er eine weitere Nacht zwischen Regines rosmarinduftenden Schenkeln zubringen. Mit Aussitzen war es nicht getan. Er stand umständlich auf und zog sich an einen Einzeltisch zurück. Unter dem Vorwand, unbedingt und umgehend noch heute, und sei es zu dieser vorgerückten Abendstunde, einen Behördenbrief schreiben zu müssen, um ihn anderntags pünktlich auf die Post zu bringen. Er beugte sich also über seine Papiere und widmete sich der metrischen Ausgestaltung seiner Hymne auf den Laacher See.

Nachdem schließlich und endlich Regine und ihr Vater mit vereinten Kräften die Saufkumpane an die Aprilnachtluft gesetzt hatten, blieb ihr schließlich nichts andres übrig, als an den Tisch meines Großvaters zu kommen und ihn ebenfalls zum Aufbruch aufzufordern. Die willkommene Gelegenheit nutzend, schob er ihr einen Zettel zu, wo er weitere Hymnenverse notiert hatte:

»... und auch zur Nacht, wenn die Strahlen des Mondes
leise die Wellen zum Wunder erheben,
verhältst du die Wirkung der Sinne.
Sinkend hinein in die flüsternde Weise,
dürfen wir kindlichen Träumen uns leihen ...«

Die unmittelbar anschließenden Verse aber unterschlug das Notizblatt für Regine:

»... müssen wir köstlich das Drängen vergessen,
das uns bedrängt hat am lauteren Tage,
dem wir verfielen mit Tat und Gedanken.«

Regine überflog den Zettel, den er ihr zugesteckt hatte, und als sie wieder drohte, honigsüß daran kleben zu bleiben, riss sie sich los und stampfte Richtung Küche, nicht ohne sich noch mal umzuwenden und Michel B. anzuranzen, er könne Gift drauf nehmen, dass Breuer kein Wort von diesem bescheuerten Adenauer-Gequatsche vergessen werde, mit dem er, Michel B., eben versucht habe, bei den größten Säufern unter der Eifeler Sonne Eindruck zu schinden.

Und damit drehte sie ab und verschwand rauschender Rockschöße.

Mehr würde Michel B. weder in dieser Nacht noch am kommenden Morgen vom Objekt seiner Begierde zu sehn oder zu hören bekommen, das war ihm klar. Bittere Erkenntnis, die ihn dazu veranlasste, sich mitten in der Nacht, den winzigen Koffer unterm Arm, davonzustehlen wie ein elender Hühnerdieb. Er schritt weit aus gegen die knisternde Kälte und gewann auf diese Weise nicht nur zügig Abstand von den quälenden Gedanken – halb Gewissensbisse, halb Frust wegen der verpatzten und verpassten Liebeswonnen –, sondern auch von dem unseligen Umstand, Zimmergeld und Zeche zahlen zu müssen. Wäre er bis zum Morgen geblieben, hätte er – mangels Masse – mindestens darum bitten müssen, ihm die Rechnung postalisch nachzusenden. Und dann wäre nicht auszuschließen gewesen, dass seine Käthe daheim die Rechnung in die Finger bekommen hätte und also sein Laacher Debakel doch noch aufgeflogen wäre. Dann lieber flotten Schritts durch die frostige Aprilnacht marschiert!

Mein Großvater hinterließ in jenen Kartagen einen Scherbenhaufen in Maria Laach. Die Wirtstochter war am Boden zerstört. Mit verheultem Gesicht ging sie noch vor Morgengrauen zum Kloster rüber und warnte ihren Bruder, der umgehend Adenauer noch tiefer in der kryptischen Unterwelt des Klosters versteckte, bevor der Ortsgruppenleiter mit einer Handvoll aus Trier herbeigerufener Nazischergen das Kloster womöglich einer nicht grade zimperlichen Razzia unterziehen würde.

Michel B. aber hatte die Wogen in seinem Inneren zügig wieder glatt gezogen und war, ein leises Liedchen schräg vor sich hin pfeifend, auf dem besten Weg zurück in sein marianisches Zuhause.

Eine Geschichte, die in dankenswerter Klarheit das Verhältnis meines Großvaters zur großen Geschichte widerspiegelt. Er hielt zwar stets und unbestritten eine kritische Distanz zum Nationalsozialismus, aber er griff, wie gesagt, nie ein, griff nie ins Räderwerk der Geschichte. Wie denn auch, mit seinen Schreibtischhänden.

Dessen, dass er hier an dieser einen einzigen Scharnierstelle seines Lebens einmal ganz kurz auf die Schwelle politischer Relevanz tapste, war er sich ebenso wenig bewusst wie der Tatsache, *dass* es sich hier um eine Scharnierstelle handelte. Das sollte sich ihm erst später, auf dann allerdings nicht eben undramatische Weise, erschließen.

10

O-Ton 21:
Ursula Land, geb. Becker

Un die dritte Aufführung, da ist er erst jar nit hinjefahren. Die Leitung der Spieler hatte damals der Volksschullehrer in Zons. Und der ist mit dem Bürjermeister von Zons nach Engeljau jekommen. Die Mission war die Absprache für das dritte Stück. Und das hat er auch von der Eifel aus jeschrieben, aber hat die Aufführung nie jesehn. Und der Bürgermeister ist ja der, der in dem Klo stecken geblieben ist. Da war dat Klo ja außerhalb des Hauses. Un dieses Klohäusjen, da kamste erst durch 'ne Türe, un dann hattest du 'n kleinen Vorraum. Un dann jing die nächste Tür auf, un da war die Kist. Un der Bürgermeister von Zons war so breit wie lang, und dann is der vorwärts in dieses eijentliche Klo jejangen und konnte sich nicht drehen. Un hat sich bei der Operation, sich zu drehen, verkantet. Und dann kam der überhaupt nich mehr wieder, un dann sind die da gucken gegangen und dann haben die, nachdem sie ihren Lachanfall hinter sich hatten, den erst mal da wieder rausjewürgt, und ab da ist der rückwärts auf das Klo gegangen.

Im Nachgang zu dieser Episode widerfuhr meiner Großmutter eine verdächtig ähnliche Begebenheit, die die Grundlage einer weiteren Geschichte werden sollte, die sie uns Enkeln immer wieder und mit wachsender Begeisterung erzählte. Als in die Jahre gekommenes Kind der Großstadt muss es sie schwer beeindruckt haben, dass man hier draußen in der winterbitterkalten Eifel den langen Weg der kurzen Geschäfte unter freiem Himmel zurücklegen musste. Dass sich das WC nicht bloß auf halber Treppe befand wie in dem Kölner Gründerzeithaus, in dem sie aufgewachsen war. Und auch nicht bloß unten im Hof wie in den Hinterhäusern des Eigelsteinviertels. Dass es vielmehr gar kein WC gab! Dass das Örtchen zehn, zwanzig Schritte vom Haus entfernt war, eine Expedition durch den kniehoch verschneiten Garten erforderte, dass es sich als »Bredderbödschen«, wie sie sich ausdrückte, darstellte und mit Wasser, schon gar mit fließendem Wasser nichts zu tun hatte, sondern lediglich auf die Schwerkraft setzte.

Was sie hingegen nicht erzählte, war das ganze Ausmaß jener Begebenheit, die damals das beschauliche Eifeldorf in Aufruhr versetzte.

Es muss an einem trüben Vorfrühlingstag gewesen sein. Mein Großvater glänzte mal wieder durch Abwesenheit. Der letzte Schnee war zu graugelbem Morast zusammengeschmolzen. Das Einzige, was den Tag zum Leuchten brachte, waren die Flammen, in die das Bredderbödschen aufging. Und wie vorm Zusammenbrechen des Holzverschlags das rote Schildchen hinterm Astloch des rechten Türbretts verriet, als die Nachbarsfrau zu Hilfe eilte, war der Riegel von innen umgelegt. Eine halbe Minute nach der Nachbarin traf dann auch meine Großmutter am Unglücksort ein.

»Sie also«, murmelte die alte Kaldenhoff, »Sie sind's also nicht, die da auf 'm Klo sitzt. Könn' Sie ja von Glück reden.«

11

Eins ist sicher: Das vierzehnseitige, vermutlich nie veröffentlichte, sondern nur als Typoskript existierende Michel-Becker-Porträt, das einen gewissen Franz Tomamichel als Autor ausweist, kann nicht, wie meine Mutter mutmaßte, aus Michel B.'s eigener Feder stammen. Wobei beim Namen dieses Lobliedschreibers ja nun wahrhaftig ein gewisser Anklang unüberhörbar ist. Zumindest müsste jemand anders den Text abgetippt und auf Seite 2 den Satz *»am 11. Dezember 1948 ist dieser große Dichter auf Burg Edgendorf bei Bedburg/Erft gestorben«* eingeschleust haben. Auch die handschriftlichen Korrekturen sehen nicht wirklich nach seiner Schrift aus, die Unterschrift dieses Tomamichels dagegen schon. Einige Buchstabenschwünge weichen zwar geringfügig von der Handschrift meines Großvaters ab, das könnte aber dem Umstand geschuldet sein, dass er sich hier offensichtlich bemüht hat, besonders groß zu schreiben. Die Exaktheit der Linienführung bei seinem Namenszug jedenfalls erinnert verdächtig an seine Schrift.

Möglich wäre natürlich auch, dass meine Großmutter diese Zettel nach seinem Ableben beim Aufräumen des *»Schrieves«* gefunden, die Seite 2 neu getippt und den Satz am Ende des ersten Abschnitts geschickt eingeflochten hat, nachdem sie das Papier in die Schreibmaschine meines Großvaters eingefädelt hatte. Die Schreibmaschinentypen jedenfalls sind offensichtlich die gleichen wie auf den anderen Seiten. Vielleicht auch hat sie einen handschriftlichen Entwurf dieser, sagen wir: verdeckten Autobiografie gefunden, unter Hinzufügung des fraglichen Satzes mit dem Todesdatum brav abgetippt und in seiner Schrift unterzeichnet, wie sie es jahrelang bei irgendwelchen Bittstellerschreiben getan hatte.

Oder war am Ende Käthe Becker selbst die Verfasserin dieses Konvoluts? Kenntnisse – auch von den Widersprüchlichkeiten, die in besagter Laudatio mehrfach angesprochen werden – hat sie fraglos wie niemand anderer gehabt. Trotzdem eher unwahrscheinlich, dass sie die Autorin war. Es ist jedenfalls nicht überliefert, dass sie jemals ein vergleichsweise umfassendes Papier von essayistischem Zuschnitt verfasst hätte.

Vielleicht aber – warum eigentlich nicht?! – vielleicht gab es ja tatsächlich einen Michel-B.-Verehrer namens Tomamichel, der den Tod meines Großvaters betrauert und diese Laudatio verfasst hat. Selbst wenn weder meine Mutter noch mein Onkel noch die befreundete Verlegerin Elfriede Kern auf Nachfrage hin mit diesem Namen etwas anzufangen wussten. Sollte es diesen Tomamichel gegeben haben, dann muss er Michel B. samt seiner Innereien sehr genau gekannt haben, wie die detailsicheren Angaben insbesondere zu den seelischen Verquerungen meines Großvaters belegen.

Nehmen wir beispielsweise die Heldin seiner Trilogie über Kolping *Der Trommler Gottes*. Besagte Heldin hieß

Elisabeth und mit zweitem Namen Magdalene. Als das Mädchen die Bedeutung dieser Namen begriff, hat Michel B. es mit der gütigen Geste des Romanverfassers lautstark protestieren lassen: »*Magdalena war doch eine große Sünderin und eine böse Frau, hat die Mutter gesagt. Nein, so will ich nicht heißen.*« Zur Frage des Namens Elisabeth-Magdalene hat dieser Franz Tomamichel sibyllinische Worte gefunden, ohne Michel B. zu nahe zu treten, während er ihm doch nahe genug trat: »*Hat Michel Becker mit diesem Beispiel nicht auch in dieses Herz ein Doppelspiel gelegt, einen Kampf, der auch in seinem eigenen Inneren so grausam wütete?*« Schließlich hieß die neutestamentarische Magdalena mit Erstnamen Maria! Zwei Seelen ach in einem Busen, den so viele küssten. Überhaupt, Fausts zwei Seelen mussten meinem Großvater sehr entgegenkommen – den Satz zitiert und sich weitere Erklärungen erspart.

Wie dem auch sei, allemal interessant ist die Tatsache, dass meine Mutter sich auch angesichts des in besagter Vita enthaltenen Todesdatums nicht davon abbringen ließ, diese schwärmerisch-schwulstige Biografie ihres Vaters als eine kaschierte *Auto*biografie zu identifizieren.

12

O-Ton 22:
Elfriede Kern

Die Frau Becker hat sich immer als Frau eines Dichters gefühlt, ne? Sie war ja nun die Erwählte eines Künstlers. Sie kam ja aus kleinbürgerlichen Kreisen. Für die ist ja ein Dichter ein großer Mann, nicht? Eine Illusion, die sie in ein Wolkenkuckucksheim gebracht hat. Aber Realität des Lebens, ach Gott, der Mensch gewöhnt sich an alles, nein, die Gloriole hat die nachher nicht mehr gehabt. Die hat die Kehrseite kennengelernt; natürlich lernt der Mensch ja dulden.

O-Ton 23:
Ursula Land, geb. Becker

Ich weiß nur, dass meine Mutter mal furchtbar sauer war, da hatte sie vor Weihnachten hatte sie – also wenn sie dann was außer der Reihe haben wollte, un wenn et nur Stopfjarn war, dann musste sie dann immer an den Geller schreiben, dass sie 'n

Knübbelchen Stopfgarn brauchte. Ja, da wollte sie Jott un alle Welt wollte sie beschenken, un da hat sie den Geller anjeschrieben, er soll ihr doch mal hundert Mark schicken, un dat hat er aber abjelehnt, es wär nix da. War ihr schon irgendwie hart. Ne?

Un dann hat die Mutter auch für die Bauern sehr viele Briefe gemacht un, ich weiß nit, Steuererklärungen und so was. Un die bezahlten dann immer in Naturalien. Un dat war natürlich auch 'ne sehr jroße Hilfe. Dann war der jroße Jarten da, den se da bestellte. Un da dat Haus ja da von uns in Ordnung jebracht worden war, hatten wir ja die ersten Jahre nur fünfzehn Mark Miete bezahlt. Und ab dann zwanzig Mark Miete.

Was meine Großmutter – im Gegensatz zum Plumpsklo-Inferno – stets bereitwillig erzählte, war die »Jüppschen«-Story. Ich weiß bis heute nicht, ob sie sie für uns Enkel als Kinderbelustigungsprogramm erfand oder um uns von besagtem Brandopfer abzulenken. Oder ob sie mit dieser hanebüchenen Anekdote am Ende gar der Wahrheit die Ehre gab. Jedenfalls lebte damals in Engelgau ein junger Bursche namens »Jüppschen«, der bislang noch allen Bemühungen, ihn zur Wehrmacht einzuziehen, entgangen war, da es für jeden Musterungsarzt unmittelbar evident gewesen sein muss, dass Josef Taubenbeck »nicht alle Latten am Zaun hatte«, wie sich die Dorfbewohner ausgedrückt haben sollen. Seine vielleicht etwas beschränkte Bauernschläue jedoch, vor allem aber seine umso geschickteren Hände reichten allemal dazu, ihn im Dorf als Mädchen für alles zu etablieren. Als Handlanger, der sich für nichts zu schade war und alles zuwege brachte, was an Reparaturmaßnahmen in den paar Häuschen des Weiberdorfes jener Jahre anfiel, während der größte Teil der Männer in irgendwelchen fernen Schützengräben für Führer und Vaterland in der Scheiße lag.

So nimmt es wenig Wunder, dass meine Großmutter ihn zurate zog, um bei einem Umstand Abhilfe zu schaffen, der der so geplagten wie zivilisationsbeflissenen Ex-Großstädterin ein spitzer Dorn im Auge gewesen sein mag.

»Es platscht so!«

Und Jüppschen nicht faul: »Dat kriejen mer, jute Frau Becker, das kriegen wir.«

Gesagt getan. Jüppschen schritt zu Werke, sägte und nagelte und raspelte, und als meine Großmutter aufgefordert wurde, die vollzogenen Baumaßnahmen zu begutachten und einzuweihen, da erkannte sie unter sich eine passgenau eingezogene schiefe Ebene. Eine, sagen wir: Führungsschiene in Gestalt eines schrägen, mit 200er Körnung glatt geschliffenen Bretts, über das die Geschäfte von nun an abwärts schlidderten und nachgerade geräuschlos in die Tiefe glitten, ohne fürderhin dem Titel dieser Anstalt auch nur mehr einen Hauch von Ehre zu machen. Von Plumpsklo konnte keine Rede mehr sein.

Nun begab es sich aber, dass die berüchtigten Eifeler Frühfröste in jenen windigen Jahren besonders früh und, als wäre es des Unheils nicht genug, mit martialischer Strenge und Zähigkeit Einzug hielten. Der unumgängliche Gang der Gänge gerierte sich also bereits im Herbst als langer Marsch durch die weißkalte Hölle und erwies sich insbesondere im Nachgang als durchaus heikles Unterfangen, da die Rutschpartie auf der vornehmen Platschverhinderungsvorrichtung in mehr oder minder dicken Schlieren festfror und im Laufe der folgenden Wochen die Abwärtsrampe zu einer von Tag zu Tag weniger geneigten Buckelpiste mutieren ließ. Schon bald warf die unverdrossen anwachsende Materialfülle ein hochalpines Faltengebirge auf, und die schiefe Ebene ging ihrer ursprünglichen Funktion gänzlich verlustig.

Worauf in ihrer Not meine Großmutter Jüppschen herbeizitierte, der mit einem »Dat krieje mer« auf den Lippen erneut an die Arbeit ging und der fäkalen Vereisung des Glitschbrettes mit Hammer und Beitel zu Leibe rückte. Eine freilich wenig vergnügliche Arbeit, die sich angesichts der anhaltenden Frosttemperaturen alle naslang wiederholte und irgendwann selbst einem ausgewiesenen Dorfdämel auf den Zwirn ging. Schließlich wurde es dem »juten Jüppschen« zu bunt, und er schlug das offensichtlich allenfalls sommertaugliche Brett heraus. Folglich überdauerte das Brett nicht mal diese seine erste, mithin einzige Wintersaison. Und bereits lange vor Ostern platschten die festeren Elemente wie eh und je in die Tiefe.

Diese Geschichte also brachte meine Großmutter, wann immer sich eine unpassende Gelegenheit bot, zu Gehör. An unserm Krankenbett oder wenn sie zum abendlichen Aufpassen herbeigerufen wurde und uns in den Schlaf murmeln musste. Dass sie dagegen die andere, ungleich gewichtigere Geschichte, die sich ums Bredderbödsche rankte, verschwieg, gehörte, wie ich später, viel später begreifen sollte, zur Strategie, die Jahre mit ihrem Michel aufzuhübschen, wo es nur ging. Und zwar nicht nur zwecks Schonung der unverdorbenen Gehörgänge ihrer Enkel, sondern auch zwecks Schonung ihrer eigenen erinnerungsbleischweren Gedankengänge.

13

Oben, auf dieser ausgedehnten Hochebene, umkränzt von buschigen Hangwäldern, ansonsten fast blank. Bloß ein paar versprengte Sträucher, die, verwildert zwar, aber doch in noch erkennbaren Reihen standen und an die alten, die uralten Hecken erinnerten. Da die jungen Männer eingezogen worden waren und die Generation davor, die in den Schützengräben des Ersten Weltkriegs geopfert worden war, immer noch an allen Ecken und Enden fehlte, hatte hier keiner mehr die Kraft und die Zeit, die Hecken zu hegen und zu pflegen. Stattdessen füllten ein paar zerfledderte Drahtzäune die Lücken zwischen den morbiden Hainbuchen und den ausgreifenden Brombeer- und Schlehensträuchern auf. Stacheldraht hielt jetzt das Vieh zusammen. Die Hecken hatten ausgedient. Und bloß für die Schönheit der alten Landschaft hier die endlosen Sträucherzeilen zurückzuschneiden – diese Energie brachte keiner auf. Außerdem, irgendwann würden die Kerle ja wieder zurückkehren, mag es meinem Großvater an diesem Ostermontag durch den Kopf geschossen sein. Wenigstens ein paar wird der gefräßige Krieg wohl wieder ausstoßen. Genug hoffentlich, um hier die Welt zurechtzurücken und die Zeitläufte wieder in

Gang zu setzen. Hier, wo immer noch das ungeschnittene Gras vom vergangenen Sommer stand, braun und verfilzt. Wo der Wind schneidend über die Höhen fetzte, sich im zerfransten Stacheldraht verfing und auf ellenlangen Harfensaiten eine jaulende Nänie anstimmte.

Was müsste das für ein Glück sein, wenn man einfach drauflosdichten könnte, die raue Poesie dieser Welt hier oben zu Papier bringen könnte, nichts als das, ohne jede Moral, ohne Gott und guten Glauben! Dichten nicht als ästhetische Erziehungsanstalt, sondern als Laudatio auf nichts als die sieben Wacholderbüsche, die da drüben die Finger ihrer Zweige ineinandergreifen ließen und sich gegenseitig im zerrenden Höhenwind festhielten. Ein pures Loblied auf diese Landschaft ohne Widerspruch und Widerstreit. Einfach. Einfach gradlinig. Schnurstracks. Ohne Wenn und ohne Aber. Ohne du hast nicht, du hast doch, du hast wieder nicht, und das muss noch und will noch, das darf nicht. Ohne Zweifel und Selbstzweifel. Wo jeder Ast einfach nur da ist, weil er ein Ast ist. L'art pour l'art. Wo der Kröter auf die Kröte hüpft, ohne zu fragen, auf welche. Und ob er darf. Und welchen Sündenkatalog er aufbläht. Und welche andere Kröte sich düpiert aufbläst. Ohne die Frage, welchem Rebhahn welcher Kamm schwellt, wenn wer kratzfüßelnd welchem Rebhuhn zu nahe tritt. Ohne drauf zu achten, welcher Fuchs sich in die Eier beißt, wenn Frau Fuchs auf welcher Leimroute auch immer ihrer Wege schnürt. Einfach in Ruhe die Ruhe mit Reimen umgarnen. Müsste ein Genuss sein. Ein Gedicht!

Michel Becker drehte sich auf der Hacke um, bedachte die Hochebene eines Augenzwinkerns. Die Luft war verdammt kalt. Er schlug den Kragen seines Jacketts hoch und rannte, so schnell die Füße ihn trugen, den ganzen Weg, den er sich in der Nacht vorwärts geschleppt hatte, zurück. Im Maria Laacher Gasthaus angekommen, stob er am Wirt vorbei, der völlig perplex ein halb gespültes Glas in der Hand hielt und keinen Millimeter mehr bewegte, als er sehen musste, wie dieser wild gewordene Nachtschwärmer ohne ein Wort Regine in die Finger griff. Michel B. bemerkte nicht ohne heimliches Vergnügen, wie diese überrascht zuckte, die Hand aber nicht zurückzog. Er nahm sie ins Schlepptau und beeilte sich, das Haus und das Dorf hinter sich zu lassen. Er hielt Regines Hand mit eisernem Griff umklammert und holte zügig aus auf dem steinigen Weg zwischen noch schneefleckigen Heuwiesen und winterdürren Ginsterhängen, die immer wieder den Blick auf die Wellen des Ahrgebirges drüben freigaben.

Erst oben am Waldrand verlangsamte mein Großvater den Schritt, zückte ein Notizheft aus der Manteltasche und rezitierte mit salbungsvollem Ton:

»Nicht aus dem Schoße, nur durch seine Frucht werden aus Frauen die Mütter. Es sind allerorten mägdliche Mütter, deren Liebe offene Arme hat und allem entgegenstreckt, die eines Herzens und der Tat eines Herzens bedürfen.«

»Da soll einem nicht das Herz aufgehn«, murmelte Regine, »das große Glück in leuchtende Worte gesetzt. – Maria auf Erden.«

Michel B. schlug das Notizheft zu. »In dem Fall: Elisabeth. Diese Zeilen stammen aus meinem Elisabeth-Roman. Aber, ja, hast recht, hat auch was Marianisches. Ja, vielleicht. Ich weiß nicht, vielleicht gibt's so eine Maria ja irgendwo auf Erden.«

»Vielleicht«, hauchte Regine und ließ einen offenbar nicht ganz ungeübten Augenaufschlag folgen.

»Ist mir bislang noch nicht über'n Weg gelaufen«, schlug Michel B. einen ebenfalls routiniert resignativen Tonfall an.

»Vielleicht doch.«

»Wahrhaftig?« Michel B. bog, durchs raureifknisternde Gras stiefelnd, auf den Waldweg ein. Jetzt war Regine es, die ihm die Hand zwischen die Finger schob.

14

»Die Arbeit, die ich getan, das Mädchen, dem ich begegnete, und der versprochene Wein sind ein herrlicher Dreiklang.« (*Ein Weg*, 1932)

O-Ton 24:
Elfriede Kern

Ich habe ja nur zwei Sachen von ihm jelesen, aber ich fand se schwulstig! Da steckt kein Erleben hinter. Der muss das fühlen. Es muss durch den hindurchgegangen sein. Hätte ja Hemmungen gehabt als religiöser Mensch. Er hatte keine Hemmungen.

Diesen relijösen Krempel – ich kenne nicht die Einstellung, die der Klerus jejenüber den katholischen Verbrauchern hat, ob se die für sehr infantil alle halten, aber dat Zeug, wer das liest, der muss ein Kind sein. Also man muss sehr kindlichen Gemütes sein, um das lesen zu können. Die Masche, die war effektiv. Denn da kam er bei den Äbten mit an. Und damit konnte er sich die Eingänge in die Klöster verschaffen, da lebte er ja ein paar Wochen, nur weil er den Salbader von sich gab. Und die Äbte, die da saßen, ich glaube auch nicht, dass die nur von ihm so begeistert waren, sondern die sagten: »Ah, das Brot ist gut für die Masse.«

Michel Becker pflegte eine Art religiös-romantischen Naturalismus, womit er fraglos hinter seiner Zeit lebte. Auch wenn die Literaturgeschichte der Zwanzigerjahre einen kleinen Zirkel von Dichtern ausweist, die sich einem mehr oder minder konservativen Naturalismus verpflichtet fühlten – Clara Viebig etwa, die sich wie mein Großvater zunächst auf die Eifel kaprizierte und mit ihrem *Weiberdorf*-Roman den Durchbruch erzielte –, so war doch das literarische Leben geprägt vom zu Ende gehenden Expressionismus, von Brecht und der Arbeiterliteratur und schließlich von der aufkeimenden Blut- und Bodendichtung. Religiöse Läuterungen und moraltriefende Erweckungen jedenfalls waren nicht gerade die Sujets der Literaturinteressierten, schon gar nicht der Intellektuellen in der Weimarer Republik und im Dritten Reich. Und seine verschrobene, um nicht zu sagen: verschwurbelte Sprache war auch nicht dazu angetan, ihn auf den Stand des literarischen Diskurses seiner Zeit zu bringen und ihm in den führenden Kreisen der Schriftsteller und Rezensenten Anerkennung zu verschaffen.

»Rufer in der Wüsten« eben.

O-Ton 25:
Ursula Land, geb. Becker

Er war goethe-bezogen, stark. Ich weiß, dass ich mit vierzehn den Faust lesen sollte und den ersten Teil noch geschafft hab. Das haben wir auch gemeinsam gelesen. Und beim zweiten Teil habe ich einfach Leine ziehen müssen. Und das konnte er überhaupt nicht verstehen. Ich weiß, dass er mich da also als total bekloppt eingeordnet hat.

O-Ton 26:
Hans-Michel Becker

Der ist kein Romantiker, weil ihn die Stilart interessiert, sondern weil er mit bestimmten Verhältnissen der Wirklichkeit nicht zurechtkommt beziehungsweise sie nicht erkennt. Lebensfremdheit. Mich hat wahrscheinlich die Tatsache, dass ich auf der einen Seite sein Buch da vor mir hatte mit einem Menschenbild, das darin entworfen wird, und auf der anderen Seite ihn selber und die zweifellos bestehende Diskrepanz, dazu gebracht, eben zu sagen: Och nee, es muss nicht unbedingt sein. Ich weiß, man könnte es auch als pietätlos ansehen. Schließlich, egal, wie das nun ist, er ist ja nun mein Vater. Aber ich würde auch jetzt noch nicht versprechen wollen, bis zum Ende meiner Tage also das dann gelesen zu haben. Es interessiert mich nicht. Weil ich glaube zu wissen, wie das nun gelaufen ist. Und deshalb lasse ich also meine Finger davon, habe also meinen Kindern und Enkeln gesagt: Da oben, da steht was, das ist von eurem Großvater oder Urgroßvater. Aber auf der anderen Seite kann ich also jetzt keine Hauspropaganda machen und sagen: Nun kommt, hier, da, lesen!

Dass also literarisches Sein und ethisches Sein, dass das also auseinanderfällt – also ich hätte nicht so leben können.

O-Ton 27:
Ursula Land, geb. Becker

Zu verstehen war der nicht. Also mit Ratio kannste da nicht dran gehen, das ist unmöglich.

O-Ton 28:
Hans-Michel Becker

Ein Mensch in seinem Widerspruch. Es gibt kaum einen Widerspruch, den der nicht exerziert hat.

O-Ton 29:
Ursula Land, geb. Becker

Dass der an sich gearbeitet hat, um irgendwas zu ändern, das glaube ich nicht. Das wäre nämlich zu anstrengend gewesen.

15

Es waren diese brüchigen Mauern, diese uralten Steine, die Moosfransen, die in den maroden Fugen wurzelten, diese Grus- und Sandhügel, die sich am Fuß der Klostermauer aufreihten, es war dieses morbide, von der respekteinflößenden Basilika überragte und bewachte Ensemble mit der augenscheinlich dahinter verborgenen Frömmigkeit, das einen beim Nähertreten unwillkürlich ein Kreuzzeichen über die Brust schlagen ließ.

Nicht so diese Viererbande, die jetzt achtlos an diesem Arrangement abgeschirmter Heiligkeit entlangstiefelte und vor der nicht minder maroden Pforte Stellung bezog. Der Hochgewachsenste von ihnen drückte seinen Rücken und den Giraffenhals durch, trat einen Schritt vor und bedeutete dem devoten Kuttenmännlein, das hier an der Schnittstelle zu den weltlichen Niederungen Dienst tat, ihnen umgehend Zutritt zu gewähren. Der Mönch zog die Kapuze über die Glatze und schüttelte schweigend den viel zu klein geratenen Kopf. Um nicht schon vor der Zeit ein übles Getöse zu verursachen, verlegte sich der Lange auf einen mit militärischem Schneid vorgetragenen Befehlsduktus. So solle er denn den Chef, jau, dann eben den Abt herbeikommandieren.

Bruder Pforte verschloss umständlich sein Kämmerchen und trollte sich nach hinten weg in die schritthallenden, dunklen Gänge. Um wenige Minuten später wieder aufzukreuzen, einen finster dreinblickenden Gottesmann in schwarzer Kukulle im Schlepptau.

»Heil Hitler!«, dröhnten die vier Stiefelhelden wie aus einem Munde.

»Gott zum Gruße. Womit kann ich dienen?«, brummte der Abt.

»Die Nichtentrichtung des Hitlergrußes«, entgegnete der hagere Hüne nicht weniger ungemütlich, »wird als Missachtung der Volksgenossenschaft und Vernachlässigung des nationalsozialistischen Bekenntnisses eingestuft und ist als solche strafbar, wenn ich Sie darauf hinweisen darf.«

»Aber deshalb werden Sie wohl kaum …«

»Ich behalte mir die angemessene Behandlung vor – zumal im Falle wiederholter Renitenz.« Breuer schob die langen Finger in seine Knopfleiste.

»Sie werden wohl kaum gekommen sein, um mich der Unterlassung einer Grußformel zu überführen«, grinste der Abt seinem Gegenüber ins Gesicht.

Was Breuer jedoch geflissentlich übersah, denn er wollte offensichtlich ohne weitere Verzögerung zum Kern seiner Mission vorstoßen. »Es geht um eines Ihrer missratenen Schäfchen. Mit Namen Clemens Brosbach.«

»Bruder Clemens zelebriert das Completorium. Da ist er nicht zu stören. Und danach wird die Nachtruhe eingeläutet. Ich muss Sie also bitten, morgen noch einmal vorzusprechen oder an einem anderen Tag …«

»Und *wie* der da zu stören ist! Wenn der Führer es will!«, unterbrach ihn Breuer mit eindringlichem Zischen, um sich ein dröhnendes Aus-der-Haut-fahren als weitere Eskalationsstufe aufzuheben. Eine Strategie, die er der Rhetorik seines großen Vorbildes abgeguckt haben mochte.

»In diesen heiligen Mauern hat Gott selbst das Sagen und kein irdischer Führer«, konterte Abt Ildefons, »und Gott selbst und in direkter Stellvertretung der Heilige Benedikt haben uns die gestrengen, doch segensreichen Ordensregeln auferlegt.«

»Mit Verlaub, Herwegen, da scheiß ich drauf!« Jetzt war das lange Gestell doch laut geworden, um sich dann allerdings eilends den Gestapo-Schergen zuzuwenden: »Die Herren, Sie haben freien Zutritt.«

Der Abt blickte fassungslos in die verbissenen Wolfsgesichter, die ihn aus ihren schwarzen Ledermänteln anfletschten. »Ich protestiere auf das Schärfste!«

»Mag sein«, griente Breuer und kommandierte genüsslich: »Zutritt zu allen Räumlichkeiten! Und der Haftbefehl gegen diesen Clemens Brosbach genießt absolute Priorität.«

»Hier ist, hier ist der Hoheitsbereich der Ecclesia Sancta«, stammelte der Abt und musste zusehn, wie seine Worte von den drei Häschern mit Stiefeln getreten wurden.

Während Breuer wie angewurzelt stehn blieb, um die Vernichtung eines Abtes gebührend zu feiern. »Dann beten Sie mal schön, dass die Herren von der Geheimen Staatspolizei nichts an zersetzendem Material finden oder Spuren anderer reichsschädigender Umtriebe. Das

Todesurteil für Ihren Kollegen Brosbach jedenfalls ist so gut wie unterschrieben.«

Herwegen spürte, wie sein Gesicht kalt wurde. Todeskalt. »Aber was, was liegt denn gegen ihn vor?«

»Und diesen Michel Becker«, brachte Breuer seine nächste Attacke an den Mann, »diesen katholischen Schmierfink und Versekleckser, dem Sie Unterschlupf gewährt haben, wo finden wir den?«

»Der hat sich selbst der Würde und Ehre benommen, sich in unserem Kloster aufzuhalten.« Dem Abt stieg ganz langsam wieder Farbe ins Gesicht, wusste er sich hier doch auf entschieden sichererem Terrain. »Weil auch er es nicht verstanden hat, sich an die Regula Benedicti zu halten. Wiewohl ungleich harmloser als Sie und Ihre Leute!«

Nach der nächtlichen Exkursion und dem Rausschmiss Michel Beckers hatte der Abt sämtliche Beziehungen zu ihm gekappt. Und damit war, wie gesagt, auch der Kontakt Michel B.'s zum aktiven Widerstand zu Ende. Soviel man jedenfalls weiß. Und ich will mich nicht in verklärenden Illusionen eines Enkels ergehen und ihm einen Gran mehr Widerstandskraft andichten. Er war, wie gesagt, kein Mann politischer Stärke. Jedenfalls konnte er fraglos von Glück reden. Sein Mangel an Disziplin rettete ihm in Maria Laach womöglich den Hals.

Nicht so Pater Clemens, den zwei der Gestapoleute endlich herbeischleifen, seine Arme so auf den Rücken gedreht, dass er nur in gebückter Haltung vorwärtsgehen konnte.

»Clemens Brosbach?«, fragte Breuer der Form halber.

Und Abt Ildefons versuchte noch einen letzten Vorstoß, um dem Drama nicht völlig tatenlos beizuwohnen: »Zeigen Sie mir jetzt sofort den Haftbefehl!«

Was Breuer dazu veranlasste, wieder sein überlegenes Grinsen aufzusetzen. »Sie sind zur Einsichtnahme nicht berechtigt. – Abführen, die Herren! – Wer sich als Drahtzieher von Treffen katholischer Nestbeschmutzer und Vaterlandsverräter hervortut, gehört zu den nichtswürdigen Elementen, die eliminiert werden müssen.«

16

Hier und da pickte ein kockerndes Huhn im Straßenstaub herum, mitten im Dorf bellte ein Hund und hob das Bein gegen die kuhkackbesprenkelte Kirchmauer von St. Luzia. Die Ahestraße durch zur Provinzialstraße, dann rechts: An der nächsten Straßenkreuzung tanzte ein Haus ein paar Meter aus der Reihe, hatte sich vom Straßenrand zurückgezogen und umgab sich mit einem Vorgarten, der in seiner immer noch spätwinterlichen Farblosigkeit nicht darüber hinwegtäuschen konnte, dass – anders als bei den übrigen Häusern des Dorfes – keines der Fensterchen von Blumenkästen mit Stiefmütterchen und Narzissen beglückt wurde. Engelgau Nummer 5.

Michel B. klopfte und musste nicht lange warten, bis seine Käthe ihm die knarrende Haustür öffnete und ihn zur Begrüßung – wie immer verärgert, aber nicht ungehalten – anraunzte: »Wo warst du?«

O-Ton 30:
Elfriede Kern

Nöö, abgöttisch jeliebt nit.

O-Ton 31:
Hans-Michel Becker

Also es ist ziemlich sicher, dass sie ihn geliebt hat. Die hat das also auf sich nehmen müssen, was ja einigermaßen schrecklich ist. Also du kannst dich nicht nach draußen wagen, weil du befürchten musst, irgendeinem Menschen zu begegnen, der sagt: Ach, da kriege ich doch auch noch – Nicht? Also das ist sicher eine Sache, da muss man schon also von einer ganz starken Beziehung durchdrungen sein, ich meine, das sei also nur auszuhalten, wenn man den anderen, wenn man wirklich, wenn man ihn liebt. Auf die Dauer also, boah, so viel kann man gar nicht verdrängen; dafür waren die Tatsachen, denen sie ausgeliefert war, doch einfach zu hart.

O-Ton 32:
Elfriede Kern

Nöö. Abgöttisch jeliebt nit. Ach Gott, sie war damit verheiratet. Sie musste ja. Sie hatte ja Kinder mit ihm. Nit? Die hat den nicht jehasst, das jlaube ich nit, dat die den jehasst hat. Die konnte dat auch so launig erzählen, beispielsweise wie't auf die Hochzeitsreise ging, da hätten sie also im Schlafwagen fahren müssen, nicht wahr, un da wär dat dann vor sich jejangen, hahaha und so weiter, haha, alles Mögliche.

»Wo bist du gewesen?«

»Och, Kätheken«, schleimte mein Großvater und legte eine nachösterlich sanftsonore Stimme an den Tag, die es mit jeder durch die soeben aufblühenden Forsythien huschenden Hummel aufnehmen konnte.

Aber seine Frau war noch nicht fertig mit dem Theaterdonner. Sichtlich bemüht, jeden Anflug von Versöhnlichkeit zurückzuhalten, hakte sie zum dritten Mal nach: »Wo bist du gewesen, Michel? Neun Tage, kein Brief, kein Telegramm, kein nichts. Nach Maria Laach und zurück, das ist an einem Tag zu machen.«

»Der Abt ist auch nicht mehr das, was er mal war«, murmelte Michel B. möglichst beiläufig.

Beileibe nicht beiläufig genug. Das war der Satz, der bei meiner Großmutter das Fass endgültig zum Überschwappen brachte. »Soll das heißen, du kommst mit leeren Händen nach Hause? Soll das heißen, du stehst mal wieder hier und kehrst deine Hosentaschen nach außen, ohne dass es auch nur ganz leise klimpert?«

»Vorher hat er großartig getönt«, mein Großvater sah angestrengt zu, wie der Zeigefingernagel seiner Rechten den hellgrauen Schmier unterm Daumennagel der Linken hervorpulte, zu einer kleinen Kugel rollte und diese dann mit losschnellendem Mittelfinger von der Daumen-Startrampe zu den noch verschlossenen Knospen der Johannisbeersträucher rüberfitschte. Worauf er sich das Dreckpolster unterm nächsten Fingernagel vorknöpfte. »Hat großartig getönt, der Meister Ildefons, dass, wenn ich an den Exerzitien teilnehme und meine praktizierte Frömmigkeit unter Beweis stelle – als wenn's da noch einen Beweis braucht, bei dem ganzen

Zeug, was ich mir zusammenschreibe –, dass ich dann mit einer Unterstützung rechnen kann, die uns ein halbes Jahr durchbringt. Hab ich dir ja alles erzählt. Und nicht nur das. Dass ich darüber hinaus auf Leute wie Adenauer, von Galen und von Faulhaber treffen würde, die mich mit Sicherheit weitervermitteln könnten. – Und was ist? Nichts ist. Niete auf ganzer Linie.«

»Will meinen, du hast dich wieder mal nach Strich und Faden danebenbenommen.« Aus Käthes Krähen war ein Krächzen geworden.

»Die Karwoche steigt ›ausschließlich im Kreise der Klosterbrüder‹, hieß es auf einmal«, schnurrte Michel B. und schoss, ohne es zu merken, ein Eigentor.

»Wo also bist du dann gewesen?« Ihr war, als stiege ihr der Geruch frisch eingetrockneten Spermas in die Nase.

»Ach, Kätheken, lass gut sein«, versuchte mein Großvater es wieder auf die servile Tour, »ich hab gedichtet, hab versucht, anderweitig Geld aufzutreiben, hab gemacht und getan und steh mit leeren Händen vor dir. Haben wir also wieder mal nichts als unsere Liebe.«

»So, haben wir die?«, knirschte seine Frau.

»Die Liebe und unser Gottvertrauen.«

17

Wenn er eins hasste, dann Wollstrümpfe. Erinnerten ihn immer an Rauhaarteckel. Der Gipfel aber: diese Gerätschaften an *schönen* Frauenbeinen! Wobei mit schön nicht die muskelstracken Beine aus der BDM-Sturmlaufriege gemeint waren. Michel B. hegte eine gradezu obsessive Vorliebe für durchaus etwas kurvenreichere Gliedmaßen, die vielleicht manch ein verknöcherter Kostverächter oder Körperertüchtigungsfanatiker mit Todesverachtung in der Stimme Stempel nennen und der Fülligkeit zeihen mochte. Wunderbar, einfach großartig, wenn da zwischen Strumpfhalter und Schlüpfer fleischige Wülste strahlend weiß hervorquollen und offensichtlich die Freiheit genossen, die ihnen im Gegensatz zu den übrigen, in enge Strümpfe eingezwängten Beinregionen gegeben waren. Und dann der Duft, den diese alabasterfarbenen Fleischringe verströmten! Ein Duft, der ihn immer wieder an reifen französischen Weichkäse erinnerte und eine betörende Fantasielawine lostrat, ihn auf ferne Reisen in orientalische Weiten schickte.

Warum, in drei Teufels Namen, war's seiner Käthe beim besten Willen nicht beizubringen, ihren Beinen was andres überzustülpen als immer diese Rauhaarstrümpfe!?

18

Im Herd knackten Holzscheite und erfüllten die kleine Küche mit ihrem wohlig warmen Klang, dem Käthe Becker diesmal allerdings keine Aufmerksamkeit zollte. Mit dem ungespülten Küchenmesser ratschte sie ein Kuvert auf, zupfte den Brief daraus hervor, strich ihn glatt und las ihn dem Herdfeuer vor. »… *angesichts der prekären Lage der Klöster hier in Ostwestfalen, in die uns die Ihnen bekannten politischen Umstände gebracht haben, muss ich Sie im Namen der mir anbefohlenen Ordensbrüder ersuchen …*«

Meine Großmutter kannte Abt Wieland nur aus der brüchigen Briefkorrespondenz, die sie im Namen ihres Michels mit ihm unterhielt. Trotzdem konnte sie seine Stimme in der flimmernden Luft der überheizten Küche hören. Zugegeben, der Klang seiner Stimme änderte sich von Mal zu Mal. Heute klang er wie ein aufgedunsenes Fass, auf dem eine kleine, aber glatzenglattpolierte Kugel tanzte. Irgendwie fett und klobig. Bleiern. Jedoch mit einem tuberkulösen Klickern über dem anthrazitdunklen Grundton.

»… *muss ich Sie im Namen der mir anbefohlenen Ordensbrüder ersuchen, die noch ausstehende Darlehenssumme von hundertfünfzig Reichsmark umgehend, d.h. bis zum 15. die-*

sen Monats, zurückzuerstatten. Bitte überbringen Sie den nun schon seit dreieinhalb Jahren ausstehenden Betrag bei gebotener Diskretion persönlich oder durch einen Geldboten! Von diesen mir äußerst unangenehmen Händeln unberührt ist meine Wertschätzung Ihrer Person und Ihres dichterischen Werks, dessen gottgefällige und glaubensförderliche Qualitäten …«

Käthe B. verfiel wieder ins Vorlesen und gackerte jetzt wie ein schlachtreif gemästeter Ganter: »… *gottgefällige und glaubensförderliche Qualitäten unbestritten sind. Es bleibt Ihnen und uns Ordensleuten wohl nichts, als das Haupt zu neigen wie weiland Hiob, und diese unwirtlichen Zeiten demütig entgegenzunehmen als eine besondere Prüfung des Herrn.*

Gott zum Gruße
Abt Guntram Wieland.«

Meine Großmutter kämpfte mit der verqueren Falttechnik, die den Briefen des Abtes zu eigen war. Endlich gelang es ihr, das Papier einigermaßen auf Format zusammenzustauchen und in den Umschlag zu stopfen, aus dem es soeben hervorgegangen war. Dann warf sie das bucklige Gebilde in die linke Küchenschrankschublade, wo sich die Antwortschreiben auf ihre »Köttbriefe«, wie sie die Bittsteller-Korrespondenz nannte, in mehreren krude verknoteten Sedimentationsschichten ablagerten. Sie legte Durchschlagpapier zwischen zwei Briefbögen und spannte sie in die Schreibmaschine. Als Begleitmusik zum Tastaturgeklimper murmelte sie auch jetzt den Text laut vor sich hin.

Gott zum Gruße, hochwürdigster Abt Wieland!

Selbstverständlich verstehe ich die dramatische Situation Ihres Klosters und Ihrer Patres. Ihre Bredouille ist mir mehr als bewusst, und doch ist es mir sehr zu meinem Leidwesen derzeit nicht möglich, Ihrer freundlichen Bitte um Rückzahlung der noch offenen Restsumme zu entsprechen, da sich meine Situation als katholischer Dichter eingedenk der »politischen Umstände«, die Sie in Ihrem Schreiben ansprechen, vergleichbar hoffnungslos gestaltet.

So appelliere ich demutsvoll an Ihre christliche Barmherzigkeit und bitte Sie, den gesetzten Termin noch eine Weile aufzuschieben, da einige fällige und überfällige Honorarzahlungen unmittelbar in Aussicht stehen. Sobald diese Gelder bei mir eingegangen sind, werde ich mich umgehend wieder mit Ihnen in Verbindung setzen.

Mit ehrerbietigen Grüßen
und einem Ihnen zutiefst verbundenen Vergelts Gott
Ihr …

Dann zog sie die Papiere aus der Maschine und zwirbelte unter das obenauf liegende Exemplar die Unterschrift ihres Mannes – mit der Virtuosität jahrelanger Routine. Während sie den Füller noch zuschraubte, rief sie nach ihrer Tochter. Um sofort ein weiteres, noch energischeres »Ursula« folgen zu lassen.

»Mach grad' Hausaufgaben«, kam es aus dem Nebenzimmer mit verhaltener Stimme, die nicht verbergen konnte, dass sie selbst nicht an die aufschiebende Wirkung ihrer Einlassung glaubte.

»Nu komm mal, das hier geht vor!« Käthe B. legte jetzt so viel Nachdruck in ihre Stimme, dass unmissverständlich klar war: Der anstehende Auftrag duldete keinen Widerspruch. Und als Ursel schließlich vor ihr stand, knurrte sie: »Hier gibt's einen ganzen Stapel Briefe, die du zukleben und frankieren musst. Oder willst du, dass ich von der Gummierung wieder Magenschmerzen bekomme? Also. Und dann ab damit zur Post! Bei der Gelegenheit kannst du gleich mal nach deinem Vater sehn!«

Ursel wurde blass. Leichenbleich.

19

O-Ton 33:
Elfriede Kern

Also mich interessierte die Frau Becker als Arbeitskraft. 'Ne sehr fleißige und tüchtige Frau. Sehr fleißig. Ne? Die sich hat durchwurschteln müssen. Ja, das ist der richtige Ausdruck dafür. Die hat leben müssen. Sich durchbringen müssen, die Frau Becker. Ich glaube auch nicht, dass sie sich Gedanken gemacht hat. Der Alltag, der war so, so besitzergreifend.

20

Wie Engelgau das Paradebeispiel eines unauffälligen Eifeldorfes war, so war die örtliche Schankwirtschaft das Paradebeispiel einer unauffälligen Bauernkneipe. Bierseliges Treiben zu später Stunde. Die Brandung an- und abschwellender Lautstärke unter undurchdringbarem Rauchnebel. Hin und wieder gaben die wabernden Schwaden den Blick frei auf die vergilbten, von schmieriger Nikotinpatina überzogenen Wände, die nicht nur dringend einer frischen Kälkung bedurften, sondern handtuchgroße Putzflatschen in den Biermorast auf dem Boden klatschen ließen. Freilich ohne dem Geplappergelächter Abbruch zu tun.

So wurde auch das leise Wischen der schweren Filzvorhänge des Windfangs erst registriert, als die eindringende Luft kühl über die Tische wehte. Ein paar gelangweilte Blicke wandten sich Richtung Tür, wo soeben ein vielleicht dreizehnjähriges Mädchen zum Stehen kam und ein paar verstohlene Blicke in den Bierdunst schickte.

»Heh, Michel, dein kleiner Goldstern mal wieder«, feixte Hubert Bresgen über seine Zapfhähne hinweg.

Was Ursel störrisch und mit möglichst finstrer Stimme quittierte: »Ich bin kein kleiner Goldstern.«

Aus den angewinkelten Armen, auf die sein schwerer Kopf gesunken war, grummelte Michel B. in die Bierlache auf der Theke: »Komm mal her, du Süßes!«

»Süß auch nicht.« Das Mädchen tat keinen Schritt.

»Nu hab dich nicht so«, setzte mein Großvater müde nach.

»*Du* sollst kommen! Du musst kommen.«

Michel B. hob immer noch nicht den Kopf aus der Armbeuge. »Immer soll ich was«, stöhnte er, »irgendwas soll ich immer müssen.«

»Bloß heimkommen«, lispelte es aus Richtung Windfang. »Sofort.«

»Warum kommt sie eigentlich nicht selber, wenn sie will, dass ich was soll?« Jetzt hievte Michel B. unendlich langsam den ambossschweren Schädel in die Senkrechte.

»Sie hat zu tun.«

»Kartoffelschälen oder wie?«, gab mein Großvater zurück, wohl wissend, dass seine Tochter der völlig falsche Adressat für die nun folgende Tirade war. »Was für Kartoffeln denn? Die paar noch verbliebenen Kümmerlinge vom letzten Jahr oder was. Und dann abends um halb neun. Kokolores. Die denkt bloß, ich knicke schneller ein. Weiß genau, ich kann meinem Bärchen, kann meinem Urselein nicht widerstehn.«

O-Ton 34:

Ursula Land, geb. Becker

Von daher habe ich auch ein gestörtes Verhältnis zu meiner Mutter gehabt. Habe das später verdrängt.

Dass sie das kleine Kind – also wurde ich losgeschickt, den Vater in den Kneipen zu holen. War der erste Gang, wenn ich aus der Schule kam. Und dann stand er an der Theke, redete und trank Bier und Schnaps. War mir das grauenhaft, nee! Und da wehrte ich mich auch schon dagegen. Und dann bekam ich von meiner Mutter eine Ohrfeige, und dann musste ich gehen.

Dann habe ich versucht, ihm klarzumachen, er möchte nach Hause kommen. Noch 'n Glas Bier, noch 'n Schnaps. Und dann habe ich danebengestanden, und wenn mir das zu langweilig wurde, bin ich wieder nach Hause gegangen, und dann kam ich ohne ihn an, und dann wurde ich wieder losgeschickt: »Komm ja nicht ohne den Vater nach Hause!« Das ist unbeschreiblich.

Der Wirt glaubte, sich wieder einschalten zu müssen, um die Situation zu retten und seinen Abendumsatz nicht vor der Zeit einbrechen zu lassen: »Komm, heh, kleiner Goldstern eines großen Dichters, komm, setz dich 'n Momentchen! Ich schenk dir 'n halbes Glas Apfelsaft.«

»Papa, mir ist das unheimlich hier. Komm jetzt!«

»Unheimlich? Musst doch keine Angst haben«, lachte Hubert Bresgen sein breitestes Bierwirtlachen, das besonders kindertauglich wirken sollte. »Besoffene sind vielleicht bisschen komisch, machen so komisch runde Bewegungen, stimmt's? Bisschen 'n schwammiges Gesicht, kann sein, vielleicht. Aber tun keiner Fliege was zuleid. Können sie gar nicht. Nein nein, kriegen die gar nicht mehr geregelt.«

»Und einem Bärchen tun die schon gar nichts.« Der Hirnkasten meines Großvaters war wieder auf die Arme gesunken.

Während leise, aber unüberhörbar in der hinteren Ecke eine Mundharmonika ihr Stimmchen erhob und vor sich hin jammernd zwei, drei Tonfolgen absonderte, um sich schließlich auf eine simple Tanzmusik einzustimmen. Mit dem Fuß polterte der Spieler den Rhythmus gegens Tischbein. Und etliche Füße fühlten sich bemüßigt, mitzuwippen oder auf den Fußboden zu stampfen. Und der Wirt, ganz Feuer und Flamme, bugsierte seinen ausladenden Leib hinter der Theke hervor Richtung Windfang und griff mit spülwasserschwammigen Fingern nach der Hand des Mädchens. »Komm, Ursel, komm mal hier nach vorne durch ...«

Und er wischte mit dem Arm die Humpen und Gläser auf dem erstbesten Biertisch zur Seite. »Komm, tanz für die Burschen hier ein flottes Tänzchen auf dem Tisch! Haben ja sonst keinen Spaß und sehn deine schnellen Beine so gern.«

Bresgen hatte den Satz noch nicht zu Ende gebracht, da applaudierten die angeschickerten Kerle mit martialischem Gebrüll und ließen der Mundharmonika keine Chance. Schon hatten zwei Burschen Ursel unter den Armen gepackt und hoben sie in die rauchgraue Luft. Konnte sie protestieren, wie sie wollte: »Ich will nicht. Will nicht tanzen.« Ihr Zornkreischen ging in ein verzweifeltes Schluchzen über. »Nicht auf dem Tisch und gar nicht.«

Was das amüsierte Grölen noch mehr anheizte und den Rausch der Saufkumpane ganz ohne weitere Alkoholzugaben auf die Schwingen der Entgrenzung hob. Die kleine Ursula drosch mit ihren Fäustchen – vergeblich, versteht sich – auf die Männer ein, die sie schließlich auf dem freigeräumten Biertisch abstellten, während sich die Mundharmonika in die Mitte des Schankraums trällerte und immer mehr schrille Töne hervorbrachte, die Ursel noch mehr Angst in die Glieder fahren ließen. Sie stand wie die Porzellanfigur einer verzweifelten Elfe auf dem ungehobelten Tisch und schluchzte.

Trotz des überschwappenden Alkoholspiegels begriff mein Großvater, dass die Luft brannte und Handeln angezeigt war. Er suchte seine Gliedmaßen zusammen und taumelte von der Theke rüber zu dem Tisch, auf dem seine versteinerte Tochter stand und wankte. »Bärchen, mein Urselchen«, lallte er, »nicht weinen! Die haben nur Spaß, nichts als Spaß im Kopf. Muntere Gesellen. Ist alles nicht so gemeint.«

Aber seine Worte erreichten Ursel nicht. Sie wimmerte weiter und blickte mit zitternden Pupillen in alle Himmelsrichtungen, ohne dass sie irgendwen wirklich angeblickt hätte.

»Ich will nicht tanzen. Für keinen. Nicht für die munteren Gesellen. Nicht für dich. Ich will dich nur, ich soll dich nur nach Hause holen.«

Jetzt hielt es keinen mehr auf dem Stuhl. Unzählige Männerfäuste trommelten auf den Biertischen den Rhythmus zum Mundharmonika-Gestümper auf die Tische. Immer lauter, immer chaotischer, immer bedrohlicher …

Michel B. hatte alle Mühe, durch das Getümmel der wüsten Gesellen Richtung Tanztisch durchzurudern. »Komm ja schon, ich komm ja schon«, raunte er und brüllte die Schaulüsternen auseinander, die ihm den Weg versperrten. Endlich warf er die Arme um Ursels zitternde Beine und hob sie ächzend vom Tisch. Dann legte er ihr seinen bleischweren Arm auf die Schultern, grinste: »die Herrn, empfehle mich, die Herren« und wankte – auf seine zitternde Tochter gestützt – Richtung Ausgang.

O-Ton 35:
Ursula Land, geb. Becker

In so 'ner Situation also, da ist bestimmt hochgestiegen, Mensch, wärste doch, würdste doch verrecken. Genauso gut, wenn wir in Lebensmittelgeschäften Schulden hatten, zum Einkaufen wurde ich geschickt.
Und ich durfte mir anhören: »Nein, wir geben euch nichts mehr, bezahlt mal erst.«

21

Mein Bruder und ich, wir müssen auf der Schwelle zwischen Grund-, alias Volksschule und Gymnasium gestanden haben. Waren jedenfalls in einem Alter, wo man selbst als Fünfzigerjahre-Kind in den Wintermonaten mitunter erst in der Dunkelheit die heimisch-häuslichen Gefilde erreichte. Nicht alleine freilich. An der Hand der Mutter. Und auf dem Weg von der Straßenbahnhaltestelle bis nach Hause mussten wir ein Stück Straße absolvieren, das auf vielleicht sechshundert Metern drei Eckkneipen beherbergte.

Jedes Mal, wenn wir in die Nähe einer dieser Lokalitäten kamen, spürten wir, wie die Mutter unsere Hände fester umschloss, den Schritt beschleunigte, uns an den kurzen Armen noch energischer hinter sich herzerrte.

Das reine Spießrutenlaufen für sie. Blankes Entsetzen stand ihr auf die Stirn geschrieben, die Pupillen zitterten von einem Augenwinkel zum andern, sie ließ unsere Hände fahren und packte uns mit eisernem Griff am Oberarm – wenn sich just, während sie mit uns vorbeipirschte, eine der Kneipentüren öffnete und womöglich zwei, drei trotz der frühen Abendstunde schon mächtig angeschickerte Kerle hinaustaumelten. Während die Trunkenbolde mehr schlecht als recht den derben

Schlag zu parieren suchten, den die kalte Abendluft alkoholbeschwerten, kneipenmiefbesäuselten Kadetten vor den Kopf zu donnern pflegt, suchte meine Mutter das Weite und eilte a tempo davon – soweit es die beiden Kinder im Schlepptau zuließen.

Ganz grauenhaft aber wurde es, wenn die Schnapsdrosseln meinten, ein »Gaudeamus igitur« anstimmen zu müssen oder ein kölschproletarisches Sauflied. Dann riss sie uns beide vom Boden und schoss, unter jeden Arm ein zappelndes krakeelendes Bündel geklemmt, aus dem übel riechenden Dunstkreis dieser entfesselten Besucher der schwärzesten der schwarzen Satansmessen.

Meine eigene Tochter, vier Jahrzehnte später gefragt, ob sie sich vorstellen könne, mich – wie meine Mutter meinen Großvater – alle naslang aus der Kneipe holen zu müssen, schwieg beharrlich.

Ich setzte nach: »Hast du mich schon jemals volltrunken nach Haus schleppen müssen?«

»Wir wohnen ja nicht zusammen«, war die unbarmherzige Antwort der Dreizehnjährigen, »was weiß ich, wann du wo wie oft wie lange in der Kneipe hängst.« Und über meine Frauengeschichten sei sie auch nicht im Bilde, setzte sie nach kurzer Bedenkpause nach. Aber dass ich Schulden gemacht hätte, gab ich zu bedenken, habe sie ja wohl noch nie …

»Ich krieg doch nur mit, wie du dein Geld *ausgibst*«, lautete die Quittung. »Und deine Schreiberei, was weiß ich, was davon wirklich wahr ist.«

Entwaffnender Fünfundzwanzig-Sekunden-Dialog.

22

Michel B., reumütig und selbstzufrieden zugleich mal wieder von einem seiner Spritztourchen heimkehrend, hielt kurz inne und blinzelte in die Abendsonne. Ihn überkam eine stille Freude, die ihm selbst nicht ganz geheuer war. Das weiße Häuschen stand da, als wäre es in den Abendhimmel gehoben worden. Die dahinter über der Hügelsilhouette langsam abwärts kugelnde Sonne verlieh den Konturen des Häuschens rotgoldene Ränder. »Kitschig«, murmelte mein Großvater, »immer wieder komisch, dass Kitsch schön sein kann.« Schmunzelnd lief er in kurzen, schnellen Schritten die Anhöhe hinab und hielt dabei seine ›Michelsklause‹ – wie er sein Domizil großspurig und unter Missachtung seiner weiblichen Mitbewohnerinnen, sprich: seiner Frau und Tochter getauft hatte – zwischen den eng stehenden Häusern des Dorfes im Blick.

»Du sollst dich sofort im Ortsgruppenbüro in Zingsheim einfinden!«, platzte meine Großmutter heraus, als er auf der Schwelle stand.

»Lentement lentement«, nuschelte Michel B., »jetzt lass mich erst mal ankommen, ich war schließlich fast 'ne Woche unterwegs und will in mein wohlig warmes Nest kriechen. Kätheken, lass dich erst mal drücken!«

»Nein, Michel«, kam es kantig zurück. So kannte er sie gar nicht, schon gar nicht bei der Begrüßung, wo sie sich sonst doch im Allgemeinen als Musterbeispiel der marianischen Frau erwies. »Nein, du musst sofort los, das hab ich denen zusagen müssen. Ludwig Lucas war hier …«

»Welcher Lucas?«

»Der stramme Nazi aus Nummer 7. Der und Joseph Kirch aus Zingsheim.«

»Persönlich? Persönlich hier aufgelaufen?« Michel B. stockte der Atem, aber mit einiger Mühe gelang ihm grade noch die Flucht in den immer wieder gern genommenen Zynismus. »Welche Ehre!«

»Das war überhaupt nicht witzig. Mach schon!«

»Morgen früh ist früh genug«, versuchte mein Großvater weiterhin, sich unbeeindruckt zu zeigen. »Wer will denn wissen, dass ich heute schon nach Hause gekommen bin. – Kätheken, komm, ich brauch 'n Mittagsschlaf. Und zwar mit dir.«

Seinem Zwinkern zu widerstehn, war ihr nicht gegeben.

O-Ton 36:

Ursula Land, geb. Becker

Wenn er angekrochen kam, total zerrüttet und arm am Beutel, dann schmolz sie wie Butter an der Sonne, und dann wurde er wieder mit offenen Armen empfangen und aufgenommen und gehegt und wieder auf Vordermann gebracht. Und wenn er so weit war, dann zog er wieder von dannen.

23

Es war ein winziges Büro, wie alles im Dorf winzig war. In zwei kleinen Räumen ohne Wasseranschluss logierte die Zingsheimer NSDAP. Hinten klapperte eine Schreibmaschine gemächlich vor sich hin und verbreitete ebenso wie das knackende Kanonenöfchen eine gradezu trauliche Atmosphäre.

»Es geht um Ihre Beziehung zu Clemens Brosbach«, fiel Kirch mit der Tür ins Haus, kaum dass Michel B. den ihm zugewiesenen Platz auf dem kantigen Stuhl vor dem Trumm von einem Schreibtisch eingenommen hatte.

»Zu wem?«, fragte mein Großvater möglichst ahnungslos.

»Becker, jetzt stellen Sie sich nicht dümmer, als Sie sind. Ostern, Maria Laach, Bruder Clemens.«

»Ich weiß nicht, wovon Sie reden.« Michel B. versuchte Zeit zu gewinnen, wenn auch allzu offensichtlich.

»Meine Güte, für wie dämlich halten Sie uns?«, rumpelte Kirch. »Wir wissen sowieso alles. Es geht nur um Schadensbegrenzung, indem Sie noch die allerletzten Mosaiksteine nachtragen bzw. zurechtrücken. Ihr Gestrunze in Maria Laach, in der Dorfkneipe, wo Sie sich damit gebrüstet haben, die Schwester von diesem Brosbach genagelt zu haben, das war doch …«

»Es war schlicht nicht auszuhalten.« Mein Großvater schüttelte sich, als gelte es nach einem ausgiebigen Mistbad die güllegetränkten Strohhalme loszuwerden. »Nie wieder mach ich das mit.«

»Was?«

»Von morgens bis abends. Gebete, Choräle, Messen, Andachten, Messen, Gebete.«

»Zur Ehre von diesem Obergötzen«, schüttelte auch Kirch sich auf der anderen Seite des wuchtigen Schreibtischs, der fast die ganze Amtsstube ausfüllte, was angesichts ihrer schmächtigen Dimensionen allerdings kein Kunststück war.

Michel B. nickte, was einem Verrat, einer Kardinalsünde nahekam. Eine Tatsache, der er sich natürlich bewusst war, aber das hier war eine Situation, die, wie er befand, das Ergreifen außergewöhnlicher Maßnahmen erforderte und rechtfertigte. Verstohlen skizzierte er mit dem Daumen ein Kreuzzeichen in die Handfläche der Linken. »Also«, sagte er und begab sich damit nicht mal aufs dünne Eis fragwürdiger Lügengeschichten, »also blieb mir nur, mich in den Alkohol zu flüchten. Herr Kirch, ich war die ganzen drei Tage, die ich in Maria Laach war, sturzbetrunken. Ich war überhaupt nicht fähig, einen Weiberrock zum Flattern zu bringen.«

»Sie wollen mir also weismachen, Sie wären willen- und widerstandslos den Verführungen einer pudelspitzen Eifel-Göre erlegen!?« Der Ortsgruppenleiter drückte den Rücken durch und musterte über seinen gestärkten Hemdkragen hinweg angewidert meinen Großvater, als müssten diesem jeden Moment die Verfehlungen wie schwarze Milben aus dem Haaransatz auf die Stirn kriechen.

»Pudelspitz ist gar kein Ausdruck«, ergriff Michel B. den hingehaltenen Strohhalm. »Sofern mich mein Alkoholschleierblick nicht vollends hinters Licht geführt hat, ließ sie auf jeden Fall schon mal ihre Brüste, und die, Kirch, die waren nicht von schlechten Eltern …«

Joseph Kirch schwante Unheil. Er zog den Speichel aus den Mundwinkeln zurück und unternahm einen aussichtslosen Versuch, das Schlimmste zu verhindern: »So genau wollte ich's gar nicht wissen. Hier, ehm, hier geht's um die politischen Dimensionen des Falles.«

Aber Michel B. suhlte sich bereits im Gefühl, den Sieg davonzutragen, und legte weitere Köder aus. »Tut mir leid, aber von Politik versteh ich so gar nichts. Was ich dagegen verstehe, ist die Tatsache, zu deuten, wenn ein Mädchen seine Brüste frei in der Bluse baumeln lässt. Und in diesem Fall musste man die ganze Zeit Angst haben, ihre Rosenknospen würden den fadenscheinigen Stoff durchstoßen und zum Zerreißen bringen.«

Der Ortsgruppenleiter rutschte auf seinem Stuhl hin und her. Wie's aussah, empfand er seinen Arbeitsstuhl, obwohl er zusätzlich zur Polsterung ein Sitzkissen benutzte, heute als besonders unbequem. Einfach nur hart, knochenhart. Ein weiteres Mal saugte er die Speichelschlieren ein. »Dafür, dass Sie unter Dauerstrom gestanden haben wollen, kann Ihr Erinnerungsvermögen aber doch mit so einigen Details aufwarten. Details allerdings, die der Wahrheitsfindung wenig zuträglich sind.«

Mein Großvater, ganz in seinem Element, fuhr unbeirrt fort: »Und wie ich mich an der Theke breit und breiter mache, gehn ihre Finger auf Reisen. Mit Nägeln bewehrt, so scharf wie die Dornen der Rosen, deren wippende Knospen sich da durch die Bluse drückten. Und ich sag Ihnen, Kirch, diese Finger, diese Fingernägel wussten, was sie tun! Wenn mich der Alkohol nicht sowieso schon sämtlicher Sinne beraubt hätte, spätestens jetzt wäre es um meinen Verstand geschehn gewesen.«

Joseph Kirch entschloss sich nun doch, den Steiß vom prickelnden Fakir-Brett zu lupfen, zu dem die Sitzfläche seines Polsterstuhls worden war. Er nutzte das bisschen Platz, das sich zwischen seinem Schreibtischungetüm und dem offenbar seit Monaten nicht mehr geputzten Fenster bot, um mit kurzen Schritten und generalstabsmäßig auf dem Rücken verschränkten Händen auf und ab zu marschieren. »Sie, ehm, Sie können also nicht von der, ehm, von der Hand weisen, dass Sie mit dieser Regine Brosbach …«

»Ich kann mich nicht erinnern.« Michel B. wischte mit schneller Hand eine Fliege aus der Luft. Als er ein winziges Kribbelkrabbeln in seiner Faust spürte und – verdutzt über seinen Erfolg – die Hand öffnete, konnte er beobachten, wie die angeschlagene Kreatur mit gebrochenem Flügel zu holprigem Flug in das bisschen Freiheit abhob, das sie in diesem Leben noch zu gewärtigen hatte.

»Bestreiten Sie also, dass Sie …?«

»Und ich sag Ihnen«, jetzt war es mein Großvater, der sich mit der Zunge die Speichelbläschen von den Lippen putzte, »ich sag Ihnen, die übrigen Reize der Laacher Schönheit stehn den geschilderten in nichts nach.«

Kirch blieb mit einem energischen Ruck stehen. »Ruhe, hören Sie auf! Sie, Sie machen einen ja völlig wirr, völlig irr im Schädel.«

Aber mein Großvater gedachte keineswegs, sein Oberwasser ungenutzt verrinnen zu lassen. »Ihr Leib ist weiß und zart wie Mariens Haut. Von fadenfeinen Adern marmoriert, wo die Haut über den Rundungen spannt. Umso rosiger ihre Knospen. Mann, Mann, Mann, die berauben einen aller Sinne.«

»Becker!«, Kirch unternahm einen weiteren Versuch, Haltung zu wahren. »Kam es zum Äußersten, Becker, haben Sie das Mädchen …?«

»Und unser Herre Christ an seinem Kreuz über der Tür schloss schüchtern die Augen. Und ging in sich. Um nicht sehn zu müssen, was für 'ne Wucht die war: Wie die durch die Kissen robbt, wie die ihren halbmondrund eingekerbten weißen Pfirsich in die flimmernde Luft reckt, die fleischigen Schenkel Millimeter für Millimeter spreizt! Unglaublich, einfach unglaublich.«

Beide waren sie nun nicht mehr Herr ihrer Speichelströme. Mein Großvater allerdings genoss es in vollen Zügen und schlug sich insgeheim auf die Schulter. Der Zingsheimer Parteihäuptling hingegen war nicht mehr in der Lage, sich gegen das Herausgurgeln und -sprudeln seiner Worte zu wehren. Sie mit behördlichem Nachdruck in den Raum zu stellen, wollte ihm auf den Tod nicht mehr gelingen.

»Ehm, wie alt«, speichelte Kirch, »wie alt darf ich mir die junge Dame vorstellen?«

»Dralle Glut. Von Brueghel'scher Opulenz«, legte mein Großvater nach. »Kirch, da *konnte* man nicht Nein sagen.«

Der angezählte Ortsgruppenleiter setzte sich wieder in Bewegung. Wie's aussah, war ihm doch noch ein Kniff eingefallen, wie eine leidlich offiziöse Figur zu machen wäre. »Ich werde, ehm, werde die Dame herbeizitieren. Ausführliches Verhör, Gegenüberstellung. Aber wir waren ja recht eigentlich mit ihrem, ihrem Bruder, diesem Bruder«, und er warf einen schnellen Blick auf den Schreibtisch, »mit Brosbach, Clemens befasst.«

»Und der Duft ihrer Wäsche, der sich überall ausgebreitet hat, wie sie ihr Leibchen – und nicht nur das – durchs Zimmer flattern lässt, wie 'n Schmetterling!«

»Also Sie haben«, Kirch wollte sich ein weiteres Mal mit verhuschter Geste den Speichelfaden von der Unterlippe wischen, kam jedoch zu spät. Es hatte sich bereits ein birnenförmiger Tropfen abgeseilt, der sich nun anschickte, auf der Knopfleiste seiner Uniformjacke einen verräterischen See auszubreiten, dessen Ufer immer mehr ausfransten, in die Fasern der Nachbarregionen vordrangen, um aller Welt Zeugnis davon zu geben, dass hier ein triefendes Malheur stattgefunden hatte. »Sie haben ihr, also Sie haben ihr das Leibchen ausge…?«

»Sie selbst!«, ging Michel B. dazwischen. »Hat sich selber ausgezogen! Hab ich nicht gesagt, dass sie von ausgesprochen zeigefreudiger Natur ist? Sie hat meine Stierblicke offensichtlich genossen, hat sich in ihrer Glut wohlig gerekelt, das Feuer meiner Augen auf ihrer Haut britzeln lassen.«

Joseph Kirch wusste sich keinen anderen Rat, als nochmals den überforderten Rettungsanker zu bemühen: »Und, und der Bruder?«

»War nicht zugegen. Natürlich nicht.« Mein Großvater musste grinsen. Weniger wegen der kruden Witzfigur, zu der der örtliche Nazi-Oberon zusammengeschmolzen war, als vielmehr wegen der Aussicht darauf, dass das Spiel hier noch einige Aussicht auf Fortsetzung bot. »Wo denken Sie hin? Sie glauben doch nicht, wir hätten zu dritt …? Sie sind mir aber ein ganz Schlimmer.«

Schreckensstarr versuchte Kirch, ein weiteres Mal seinen Auf- und Abmarsch hinterm Schreibtisch zu stoppen. Er hatte allerdings nicht bedacht, dass sein einmal in Bewegung gesetzter prächtigmächtiger Körper mit reichlich träger Masse gesegnet war, also ähnlich wie eine Dampflok pfeilgerade und zentnerschwer noch ein Stück vorwärtsstrebte, während sein Entsetzen das schiere Gegenteil wollte: augenblicks stehn bleiben! Was schlechterdings nicht funktionieren konnte. Und so stolperte er lautstark fluchend über die eigenen Füße, um sich mit letzter Kraft vor dem Absturz zu retten, indem er seine im Verhältnis zum Restkörper tannennadeldünnen Finger in die Schreibtischkante krallte. »Bruder Clemens hat's mit seiner eigenen Schwester getrieben?!«

Darauf mein Großvater ganz trocken: »Davon ist mir nichts bekannt. Wie ich überhaupt … ich kenne keinen Clemens. Außer diese Päpste, wie viele waren das? Vierzehn, fünfzehn?«

»Mein Gott, was soll denn das Ganze dann?« Der Ortsgruppenleiter schien sich ansatzweise wieder gefangen zu haben, heilfroh, dass man das schlüpfrige Terrain verlassen und wieder auf einigermaßen festem Boden gelandet war. »Was überhaupt ist denn das für 'n

Verhör? Sie besäuseln mich hier stundenlang, und dann fällt Ihnen am Schluss ein, dass Ihnen zum eigentlichen Gegenstand des Verhörs nichts einfällt. Dass Sie nicht wissen, über wen wir hier die ganze Zeit reden.«

»Hab ich je was anderes behauptet? Wenn doch, dann pardon, dann …«

»Raus hier, scheren Sie sich zum Teufel!«

Worauf Michel B. nur mit allergrößter Anstrengung seine Lachmuskeln bändigen und grade eben noch verhindern konnte, ein »Mit Vergnügen« herauszuprusten.

24

Die Johannisbeersträucher vorm Haus dampften. Und auch die moribunden Rosen waren längst nicht mehr in der Lage, erst den wegschmelzenden Schnee und jetzt die prasselnden Regenmassen der letzten Apriltage abperlen zu lassen, hatten sich vielmehr vollgesogen wie ein Schwamm und überließen es der eben durchbrechenden Morgensonne, die triefenden, überalterten Blätter mehr schlecht als recht zu trocknen. Wo das noch nicht vollzogen war, haftete ihnen ein zäher Wasserfilm an, der geeignet war, die Hosenbeine der in unchristlicher Frühe anrückenden Hüter des Gesetzes in triefende Lappen zu verwandeln. Der schmale Weg zwischen Dorfstraße und Haustür jedenfalls war nicht ausgelegt für so hohen Besuch wie die aus der fernen Kreisstadt angerückten Kripoleute, die auf Biegen und Brechen bedacht waren, nebeneinander herzugehen. Wobei sich aber nur der augenscheinlich ranghöhere Beamte bemüßigt fühlte, Käthe Becker zu begrüßen und sich auszuweisen.

»Nur der guten Ordnung halber, Frau Becker, kreuzen wir hier auf, um den tragischen Geschehnissen auf Ihrem Scheißhaus nachzugehen«, hustete er und war sich des Grinsens seines Kollegen sicher. Worauf die beiden Männer in die winzige Küche stiefelten.

»Im Hause anständiger Christenmenschen gehört es sich, dass man die matschstrotzenden Schuhe wenigstens am Fußabtreter abstreift«, knurrte meine Großmutter. Wobei sie sich vermutlich der Hoffnungslosigkeit ihres Ansinnens bewusst war und denn auch sogleich die Quittung in Form eines »Das wird nicht nötig sein« einstrich, »wir sind gleich wieder durch die Tür. Und dass wir die Stiefel ausziehen, das sollten Sie nicht ernsthaft wollen.«

Der Not gehorchend wies Käthe Becker auf die leeren Küchenstühle. Wo sich die Kripoleute denn auch, ohne den grundlegendsten Geboten der Höflichkeit zu folgen und das Angebot generös zurückzuweisen, niederließen. Während sie mit den Stuhlbeinen vernehmlich über die Bodenbohlen schrappten, blieb meine Großmutter stehn, gestattete sich nur, ihren Allerwertesten an der Kredenz abzustützen.

»Dann erzählen Sie mal«, kam es vom Hauptkommissar, oder welchen Dienstgrad auch immer seine Schulterklappen ausweisen mochten.

»Aber das hab ich doch alles schon …«

»Na ja, so einem Feld-, Wald- und Wiesenwachtmeister, wissen Sie, nein, da haben Sie's bei uns jetzt mit ganz andern Kalibern zu tun. Hier geht's jetzt um richtig was. Also …!«

Also berichtete meine Großmutter auf ein Neues, wie sie am Abend der tragischen Ereignisse Besuch vom Zingsheimer Diakon bekommen habe, der augenscheinlich seiner seelsorgerischen Pflicht für die Familie eines katholischen Dichters nachzukommen gedachte. Als den Mann Gottes ein dezidiertes Bedürfnis überkommen habe, habe sie ihm, ohne sich, jawohl, ohne sich vom Küchenstuhl zu erheben, den Weg gewiesen zu jenem Bauwerk, das nun zusammengeschnurrt sei auf dieses hässliche Häuflein Asche, diese paar verkohlten Pinne und was der sterblichen Reste mehr seien. Um die es mit Sicherheit, mit Sicherheit noch jämmerlicher bestellt sein würde, wenn die alte Kaldenhoff von nebenan und sie nicht so geistesgegenwärtig gewesen wären, Stück für Stück den gesamten, wenn auch schon halb angeschmolzenen Schneemann, den die Kaldenhoff'schen Enkel auf der andern Seite des kleinen Gartenzauns gebaut hatten, in die aus der Bude schlagenden Flammen zu schmeißen.

»Und haben Sie irgendeine Erklärung, warum der Diakon nicht zack zack die Tür geöffnet und das brennende Herzchenhaus sich selbst überlassen hat?«, bohrte der Kommissar nach, flankiert vom emsigen Kopfschütteln seines Bundesgenossen.

»Was weiß ich, vielleicht weil er die Hosen auf den Knöcheln hatte. Ich meine, ziehen Sie sich in der Hektik mal so manierlich an, dass Sie Ihrem Herrn unserm Gott, der draußen vom hohen Himmel herabblickt auf seinen Mittelsmann auf Erden, unter die Augen treten wollen. Samt Soutane und was nicht allem.«

»Stimmt, die Hosen hatte er hochgezogen, der schwarze Mann«, plauderte der jüngere Beamte erste Ermittlungsergebnisse aus, was ihm einen derben Stiefeltritt unterm Tisch eintrug und einen pfeilschnellen Blick, der ohne Umschweife in seinem Gesicht einschlug.

»Gendameriehauptwachtmeister Stotzka hat uns rapportiert, dass Sie ihm erzählt hätten«, sagte der Hauptkommissar mit schneidender Stimme, »Sie hätten gesagt, der Türriegel sei etwas schwergängig gewesen.«

»Ehm, ja, Herr Oberkommissionsrat«, – Grinsen aufseiten des Assistenten, nicht vorhandene, jedoch nicht minder lästige Fliegen vertreibende Handbewegung aufseiten des Chefermittlers –, »ja, stimmt. Und kann sein, dass das Dingen sich bei der Hitze noch mehr verzogen hat, verkantet hat, was weiß ich.«

»Und entspricht es darüber hinaus den Tatsachen, dass Sie samt Ihrer Nachbarin dann eilends gesehn haben, dass Sie Land gewinnen?«, warf der Hauptkommissar meiner Großmutter als nächste Frage hin. Worauf sie noch mehr in sich zusammensackte und, um sich überhaupt noch auf den Beinen zu halten, beide Hände rechts und links ihres Hinterteils in die Schubladengriffe der Kredenz krallte.

»Sie hätte ich sehen wollen«, versuchte sie es wieder mit einem Frontalangriff, »bei den Temperaturen! Sie glauben gar nicht …«

»… wie so 'n Scheißhaus brennen kann. Doch, glaub ich. Scheißhaus mit Gottesmann und Schneemann.« Der junge Kripobeamte konnte sich kaum halten vor Lachen. Bis ihn der Ellbogen des ebenfalls glockenhell lachenden Chefs daran erinnerte, dass sie immerhin in einem Todesfall ermittelten.

»Paar Eimer Wasser, nachdem der Schneemann verraucht war, hätten womöglich Wunder gewirkt.«

»Meine Nachbarin ist hoch in die siebzig, und ich bin auch nicht mehr die Jüngste. Und dann kamen ja auch schon drei, vier andere Frauen aus dem Dorf angerannt. Und die hatten doch Eimer in der Hand.«

»Wenn die dann nicht Wasser drübergekippt hätten«, murmelte das Milchgesicht in seinen schlecht rasierten Flaum, »dann wären wir hier schnell fertig mit den Untersuchungen.«

»Aber so«, war sein Vorgesetzter zur Stelle, »so schreiten wir jetzt zur Tat. Halten Sie sich bittschön zu unserer Verfügung, Frau Becker!«

Worauf die beiden Herrn ihre amtliche Miene aufsetzten, sich – wiederum stuhlbeinscheppernd – erhoben und in den Garten begaben, um im strömenden Regen ein Auge auf den Locus Mortis zu werfen.

25

Die Eifeler Wälder. Bäume wie Buchstaben. Nur nicht in Reih und Glied. Keine Zeilen. Und doch erzählte jede Buche eine Geschichte. Ihr Buch, ihre Geschichte. Geschichten, die sich freilich glichen wie ein Ei dem andern. Denn sie waren nie weg von zu Haus. Wer stocksteif steht am immer gleichen Ort, hat nichts als die immer gleiche Geschichte zu verkünden. Eng nebeneinander, obwohl eigentlich, eigentlich stand jeder Baum ja nur *fast* am gleichen Ort. Und also waren ihre Geschichten auch nur *fast* gleich. Mit winzigen Unterschieden. Mein Großvater konnte die minimale Differenz zwischen den kaum fünf Meter auseinanderstehenden Bäumen hören. Manchmal war ihm sogar, als erzählten nicht die Bäume ihre Geschichten, ihre je eigenen und trotzdem annähernd gleichen Geschichten, sondern er. Wie sie da auf halbem Hang standen, auf dem Westhang, wo sie der Wind volle Breitseite traf, der tobende Oktobersturm, das Aprilgezeter. Wie sie das alles ertrugen, erduldeten. Die Häupter senkten. Demut oder Hilflosigkeit. Oder beides. Die kalten Füße, auch wenn kein Wind pfiff. Aber dann erst recht. Der kalte, bitterkalte Ostwind. Wenn dann auch die Bäume auf dem Westhang kalte, eiskalte Füße kriegten.

Und nicht weg konnten. Alle die gleichen kalten Füße. Die fast gleich kalten Füße. Wie die das ertragen konnten! Stundenlang. Die ganze Nacht. Tage-, wochenlang diese unerträglich kalten Füße. Waren das nun seine, Michel B.'s, Gedanken oder die Geschichten der Bäume? Oder beides. Michel B. wusste es nicht, wusste es manchmal nicht.

Schließlich fand er sich zwei, drei Ortschaften weiter in der Dorfkneipe ein.

»Wer flüstert, der lüstert«, flüsterte einer der Bauernknechte und sah in sein Glas. Ohne den tiefenpsychologischen Blick vom Bierschaum abzuwenden, rief er plötzlich diagonal durch die Gaststube: »Annabell, komm mal her! Setz dich hier auf meine Hand! Meine Finger wollen keine Ruh geben.«

Der Kerl legte die Hand offen auf die Sitzfläche des Stuhls neben sich, während Annabell knallrot anlief. Mein Großvater konnte sich ein Grinsen nicht verkneifen, stand auf, stolzierte am Bierschaumleser und seiner geifernden Hand vorbei, griff nach Annabells Hand und schlingerte mit ihr zwischen den Tischen hindurch. Er sonnte sich in seiner Erlöserrolle und verschwand mit Annabell durch die Hintertür.

26

»*Nicht* einen *Knopf meines Hemdes mache ich zu.*«
(*Ein Weg*, 1932)

O-Ton 37:
Elfriede Kern

Ein moralisches Empfinden hatte er ja nicht gehabt. Er konnte hemmungslos schnorren. Und da ich ja im Krieg alle Verbindungen hatte immer ins Ausland, kam ich eben auch an französischen Cognac der allerbesten Marken, alles hatte ich da, reichlich und gut. Ne? Und wenn er kam, dann trank der auch 'nen Cognac oder drei. Da kam et ja jar nit drauf an. Und so kommt er eines Tages auch herein und erzählte also, dass die Mutter im Sterben lag oder schwer krank war. »Ja also, sie hält sich noch ganz gut. Der Arzt hat nur gesagt, also sie muss dauernd die Lippen nass gehalten haben, mit Alkohol.«
»Ja«, sag ich, »hat er Ihnen denn den Alkohol verschrieben?«
»Nein, nein, da war noch was in der Flasche, ich hab aber jetzt keinen mehr. Ehm ehm, könnten Sie mir

nicht was Alkohol geben? Ja't jenügt ja auch Cognac, das ist ja auch Alkohol«, sagte er, »Sie haben doch Cognac.«
»Ja sicher«, hab ich gesagt.
Da sagt er: »Ich hab en Fläschchen mitjebracht« - Hatte er mitjebracht, ne? Da könnt er sich ja wat abfüllen. Un dann hat der von meinem hochprozentigen Marken-Martell, oder wat et jewesen is, dat Fläschchen voll jemacht, ne, und dann hat er jesagt, damit würd er also jetzt die Lippen seiner Mutter betupfen, damit die immer schön feucht blieben. Un ich hab noch jute Besserung jewünscht und alles, mit größter Naivität; und Ihre Großmutter hat dabeigesessen und geschwiegen. Die durfte nix sagen, dann wär der nämlich hinterher rebellisch jeworden. Und als der weg war, da hat sie zu mir gesagt: »Datt Sie aber da noch drauf reingefallen sind! Der trinkt dat doch!«

Ungeheuerlich! Kommt mit dem Vorsatz zu mir, über die sterbende Mutter sich Cognac zu verschaffen. Unjeheuerlich.

O-TON 38:
Ursula Land, geb. Becker

Durch diesen enormen Alkoholgenuss – er konnte ja die letzten Jahr gar nicht mehr konzentriert arbeiten oder so. Da kam mal ein kleiner Vierzeiler oder Achtzeiler, und das war es dann schon. Und dann steckte er voller Ideen, und nichts kam mehr zum Tragen. Ich glaube, da hat er zum Schluss sehr drunter gelitten, dass er nicht mehr schreiben konnte. Aber dann der Sache konsequent zu Leibe zu rücken und zu sagen: »Verdammter Alkohol, jetzt lasse ich das, und jetzt reiße ich mich am Riemen.« Das hat er nicht, dazu war er zu labil. Ne?«

27

Mit nun vollends matschbesudelten Stiefeln polterten die beiden Kripoleute erneut in die Küche und nahmen, ohne auf irgendeine Aufforderung zu warten, auf den wackligen Stühlen Platz. So zielgerichtet, als hätten sie bereits Stammplätze. Grinsten und rieben sich die Hände. Der Hauptkommissar legte mit amtsgewaltiger Geste ein indifferentes Etwas auf den Tisch, um genüsslich langsam die Zipfel des Tuchs, in die er dasjenige welche eingehüllt hatte, nach und nach zu lüpfen.

Noch ehe er mehr als zwei, drei Zentimeter gelüftet hatte, kam meine Großmutter leicht ins Schwanken und wollte sich eben Richtung Kinderzimmer wenden, wo unabdingbar zu dieser Stunde Staub geputzt werden musste.

»Sie bleiben!«, raunzte der Kommissar.

Käthe Becker fuhr zusammen. Während aber auf dem Tisch die weitere Entzauberung des Corpus Delicti zelebriert wurde, nutzte sie die Zeit, um in ihrem Turbelschädel leidlich Ordnung zu schaffen. Dass der Kripokommissar das Tuch schließlich mit einem letzten Ruck wegzog und so ein rußschwarzes Gebilde freilegte, ein staksiges Konglomerat aus verbogenem Eisengestänge und geschmolzenem oder gesprungenem Glas, das konnte sie schon nicht mehr sonderlich beeindrucken. »Ach, das gute Stück«, sagte sie mit gewinnender Gelassenheit.

»Können Sie mir mal erklären, was eine Karbidlampe auf einem Plumpsklo zu suchen hat?«, bellte es.

»Na ja, wieso?«, meine Großmutter war die Ruhe selbst, »ist doch nicht ganz unkomfortabel, wenn man dabei was sehen kann. In Köln, wissen Sie, da hatte man …«

»Sie wollen uns also weismachen …«

»Und Karbid, das brennt ja ewig«, bekam Käthe Becker unerwartete Schützenhilfe vom Kripoanwärter, »mein Vater ist Eisenbahner, ich kenn mich da aus.«

»Aber unser guter Diakon offensichtlich nicht. War auf alle Fälle heilfroh, wie ich ihm ein paar Streichhölzer in die Hand drücke und sage, dass es da eine Laterne gibt, die mir das Jüppschen im Januar aufgehängt hat. Immerhin, ich meine, immerhin gibt's im Zingsheimer Pfarrhaus ja ein richtiges WC. Gut so, weil, hat er gesagt, weil er mit dem Dunklen nun mal keinen Vertrag hat. Also ist er los, und drei Minuten später steht, guter Gott, steht die Hütte lichterloh in Flammen.«

»Und er nicht minder.«

»Ja, so 'ne Soutane, das ist schon gewaltig viel Stoff.«

»Der Ruß! Hier an dem, was mal die Scheibe von der Laterne war. Pechschwarzer, klebriger Ruß. Der stammt nicht vom Karbid und nicht vom verkohlten Holz und nicht von einer entflammten Soutane«, beharrte der junge Beamte.

»Weil Sie kennen sich nämlich aus als Spross einer alten Eisenbahnerfamilie«, versuchte meine Großmutter es mit einer Andeutung von Unterwürfigkeit.

»Genau. Das ist Ruß von einer, ich weiß es nicht, von irgendeiner Flüssigkeit. Öl, Benzin. Vielleicht Waschbenzin.«

»Ja, was, wie soll denn so 'n Zeug dahin gekommen sein?« Käthe B.'s. Gelassenheit war jetzt nicht mehr aufrechtzuerhalten.

»Sagen *Sie*'s mir!«

Meiner Großmutter fiel wider Erwarten doch noch ein Rettungsmanöver ein. »Ich muss, tut mir leid, ich muss auf den Tod mal kurz für kleine Mädchen«, sagte sie, schob sich aus der Küche, aus dem Haus, um sich schließlich draußen im Garten hinzuhocken, unter ihrem ausladenden Rock rumzukramen und schließlich laufen zu lassen.

28

Bei einem meiner zahllosen Besuche, ich erinnere mich genau, zog meine Großmutter aus irgendeinem ihrer unergründlichen Pappkartons ein – den braunen Flecken nach zu urteilen – schlecht fixiertes Foto von jenem Haus in Engelgau, in dem sie mit ihrem Mann und der elfjährigen Tochter Zuflucht vorm Unbill der Zeitläufte und schließlich vor den Kölner Bombennächten gesucht und gefunden hatte. Grobes, wellig verputztes Mauerwerk, weiß getüncht. Wenige Fenster, geschiefertes Spitzdach. Ein typisches, unscheinbares Eifelhäuschen.

Jahre später, vermutlich Anfang der Achtziger, fuhren meine Eltern mit uns Kindern in unserer ersten motorisierten Familienkutsche, einem feuerroten NSU-Prinz, im Rahmen eines Sonntagnachmittagsausflugs durch Engelgau. Im Schritttempo. Als meine Mutter plötzlich einen Schrei tat: »Da isset.« Und sie wies mit zittrigem Zeigefinger auf ein vergilbtes Häuschen, das etwas zurückgesetzt an der Dorfstraße stand. Im nächsten Atemzug stieß meine Mutter den Ellenbogen in die Rippen meines Vaters: »Hans, gib Gas! Weg hier.« Sie hatte sich offenbar übernommen mit dem Versuch, sich den wohl schwierigsten Jahren ihrer Kindheit zu stellen und uns zur Einnordung der ganzen Geschichten zu verhelfen, die meine Großmutter vom Stapel zu lassen pflegte.

29

Also, Sie wissen von nichts«, resümierte der Chef des Kripoduos, als Käthe B. in die Küche zurückkehrte, »können sich nicht erklären, wie diese explosive Mischung in die Latüchte auf Ihrem Scheißhaus kam. Und warum, schon gar nicht. Und auch nicht, weshalb der Riegel ausgerechnet diesmal so unerbittlich geklemmt hat.«

»Oder es lag an den Hosen auf den Knöcheln, wie gesagt«, suchte meine Großmutter noch mal ihr Glück im Reich der einfühlsamen Spekulationen.

»Unsinn, der Mann lässt doch nicht erst die Hosen runter, um dann die Laterne anzuzünden.«

»Außerdem, wie gesagt«, sprang der Assistent seinem Chef bei, »außerdem wissen wir, dass der arme Mann die Hosen nicht runtergezogen hatte. Dazu ist er wahrscheinlich gar nicht mehr gekommen.«

»Nein nein, gute Frau, das ist alles wenig glaubhaft. Also raus mit der Wahrheit: Was hat sich hier gestern abgespielt?« Die Augen des Kommissars blitzten zwischen den eng gezogenen Lidschlitzen hindurch.

»Ich hab alles gesagt, was ich weiß.«

»Frau Becker, wen wollen Sie decken?« Der Kommissar stand umständlich auf, schob dabei seinen Stuhl weiter zurück als notwendig, ging auf Käthe B. zu und bot ihr mit generöser Geste besagten Stuhl an. Verdutzt und doch geistesgegenwärtig genug, machte sie von dem Angebot Gebrauch, sodass sie neben dem anderen Kripobeamten zu sitzen kam, während der Hauptkommissar ihre Position am Küchenschrank einnahm, um mit geschmeidiger Stimme noch einmal anzusetzen: »Wen wollen Sie decken?«

»Decken? Niemanden.«

»Frau Becker«, das Flimmern der Luft verriet, dass es nicht mehr lange dauern konnte, bis der Kommissar aus der Haut fahren würde, »weder die Klobude noch die Laterne noch die geweihte Soutane haben einfach so aus heiterem Himmel Feuer gefangen. Irgendjemand hat da nachgeholfen. Das ist völlig unstrittig. Und dass Sie es nicht gewesen sind, das ist für mich genauso unstrittig. Sie haben einfach kein Motiv.«

Was sein Assistent genau so sah: »Warum sollten Sie den Dorfdiakon abfackeln wollen? Wo er Ihnen doch nicht selten die eine oder andere Kleiderspende aus der Gemeinde zukommen lässt. Außerdem werden Sie von allen Befragten als treue Kirchgängerin eingestuft. Es ist nirgends im Dorf bekannt, dass Sie eine Auseinandersetzung mit dem Diakon ...«

»Wo denken Sie hin?!« Käthe Becker schaffte es, auf ihrem Gesicht den Eindruck ehrlichen Entsetzens wieder zurechtzurücken.

»Wenn also nicht Sie, wer dann?«

»Ihr Mann, was ist eigentlich mit Ihrem Mann?

»Mein Mann?« Käthe Becker wischte sich die Hände an der Schürze ab, obwohl sie schon seit Stunden praktisch nichts mehr angefasst hatte. Schon gar nicht irgendwas, was ein Abwischen der Hände erfordert hätte. Dann fuhr sie sich umständlich durch die Haare, zwirbelte zwischen Daumen und Zeigefinger zwei, drei Dauerwellenlocken, um diese unbedingt und unaufschiebbar jetzt sorgfältig nebeneinanderzulegen. »Mein Mann – nie! Auf so was käm der überhaupt gar nicht. So weit denkt der nicht. Und viel zu anstrengend, so was bis ins Detail zu planen. Mein Mann scheidet mit absoluter Sicherheit aus.«

»Dürften wir vielleicht trotzdem erfahren, wo er sich aufhält?«, fasste der Kommissar nach.

»Ehrlich gesagt, ich weiß es nicht, die Herrn, ich bin nicht über jeden Schritt meines Mannes im Bilde.« Was erneutes Abwischen der Hände notwendig machte und eine weitere Dauerwellenkorrektur, während sich in der kleinen Küche betretene Stille ausbreitete.

Es dauerte eine Ewigkeit, bis sich der Kommissar entschloss, die Kredenz loszulassen und sich zum Abschied bei Käthe Becker für das informative Gespräch zu bedanken.

30

Es war die gleiche Küche. Monate waren ins Land gegangen, ein an Ereignissen armer Sommer war verstrichen, der den Beckers und ihrer prekären Haushaltslage wenig Entspannung gebracht hatte. Abgesehn von den Früchten des Gartens, den meine Großmutter emsig bestellte. Übrigens mit einer für eine Städterin beachtlichen Virtuosität. Das allerdings nicht zuletzt auch dank der zahllosen Ratschläge der alten Kaldenhoff, die oft genug vom Fenster aus meiner Großmutter bei den Tätigkeiten in der Furche zusah, rübergesaust kam und alles besser wusste. Und natürlich wusste sie meistens alles besser. Woraus nun wiederum meine Großmutter keinen Hehl machte, wusste sie doch, dass sich die Klugheit und Erfahrung der alten Nachbarsfrau in einer üppigeren Obst- und Gemüseernte niederschlug. Die jedenfalls war inzwischen eingebracht, die Kartoffelkiste im Keller war randvoll, die Äpfel lagen auf den Regalbrettern, die Zwiebelzöpfe waren aufgehängt, die in all den Weckgläsern schlummernden Schätze standen zum winterlichen Verzehr bereit.

Kaum hatte sich der erste, viel zu frühe Oktoberschnee geschlichen, hatte sich neuer aufs Dorf gesenkt. Der war nun eindeutig schon von besseren Eltern, hatte jedenfalls eisige Kälte und einen schneidenden Ostwind im Gefolge. Sodass man sich in der kleinen Küche unwillkürlich duckte, wenn draußen mal wieder ein Windwolf jaulend ums Haus schnürte, bevor er hinten im Garten verwehte. Trotzdem oder grade deswegen verströmte die Küche eine wohlige Geborgenheit, während die im Herd knackenden Holzscheite ihr Klagelied anstimmten.

Ein Briefkuvert fitschte über die speckige Wachstuchtischdecke und wurde von Ursels auf den Tisch klatschender Hand eingefangen. Aber statt mit dem gleichen Elan zu Werke zu schreiten wie bei all den anderen Briefen, blickte sie auf und sah ihre Mutter mit leicht flatternden Augen an: »Mama, die Zunge wird so dick, so komisch dick, klebt, als würd ich ständig durch einen Leimtopf lecken.«

»Noch vier Briefmarken, du wirst doch noch vier Briefmarken …«

»Aber ich hab doch schon zwölf.«

»Sechzehn. Ganz genau: sechzehn. Das ist ja wohl nicht zu viel verlangt. Was soll *ich* denn sagen?!« Käthe B. wurde ungehalten. Auch für sie war das hier ganz und gar nicht zu verwechseln mit Strohsternebasteln. »Ich hab mir die sechzehn Dinger schließlich aus den Fingern saugen und hab sie fein säuberlich schreiben müssen. Sechzehnmal dieses Geseiche, sechzehn Pleite-Offenbarungen, sechzehnmal zu Kreuze kriechen, schleimen bitten betteln! Gebete geloben, Rückzahlungen versprechen, Aufschub erbitten, Hinhaltegeseier. – Meinst du, mir macht das Spaß? Hier, sieh dir meine Finger an, wund gehämmert auf der verdammten Schreibmaschine! Also!«

Der Kindermund meiner Mutter verzog sich zu einer trotzigen Schippe. »Aber die Zunge. Fühlt sich an, als hätt ich 'ne klebrige, rote Schnecke im Mund.«

»Und wenn's was nützen würde, Schnecken zu schlürfen, Ursel, wir würden sie schlürfen«, klotzte Käthe B., »klebrig, glitschig, würden sie sich auf unserer Zunge zusammenrollen, und wir würden sie runterschlucken. Mit Todesverachtung, aber würden sie schlucken. Verstehst du mich?«

»Ja, Mama.«

Es klopfte an der Haustür. Wie immer im falschen Augenblick.

»Schnell, räum die Briefe weg!«, zischte meine Großmutter im Aufstehen. Und während Ursel auf den Stuhl kletterte und eine Blechdose vom Küchenschrank schrappte, stampfte Käthe B. durch den kurzen Korridor zur Tür.

»Sie wünschen?«

Eine junge Frau sah ihr geradewegs ins Gesicht. »Ich bin schwanger.«

»Das, ehm, seh ich«, versetzte meine Großmutter. »Tut mir leid. Meine Tochter geht schon in die Schule, die Säuglingskleidchen hab ich längst an die Caritas ...«

»Deshalb bin ich nicht hier«, kam es kurz angebunden zurück.

Käthe B. ratterte hinter der Stirn etliche Alternativen durch, um sich dann auf die naheliegendste einzuschießen: »Geld, junge Frau, Geld ist bei uns absolute Mangelware, da ist nun wirklich nichts zu holen.«

»Geld auch nicht.«

Jetzt wurde meine Großmutter endgültig stutzig. Sie gönnte sich eine kurze Atempause, während der sie nebenbei ihre Tochter, die um den Küchentürrahmen herum spinkste, mit einem messerscharfen Blick des Feldes verwies. Dann noch mal kurz Luft schnappen und zum Angriff blasen! »Wollen Sie uns auf die Probe stellen, junge Frau? Ob wir Ihnen eine Herberge gewähren, oder …«

»… oder ob Sie mich wegschicken.«

»Ich kann da gar nichts zu sagen«, antwortete Käthe B., und ihre Stimme wurde weicher, als sie wollte. »Mein Mann ist ein paar Tage weg zu den Zisterziensern. Sobald er wieder da ist …«

»… oder ob Sie mich wegschicken«, fiel die junge Frau ihr ins Wort, »wie Maria weggeschickt wurde.«

Sechs, sieben Wochen nach Michel B.'s Laacher Fenstersturz hatte Regine in ihrer Verzweiflung um Audienz bei Abt Ildefons gebeten und beichtete ihm ihr menschlich allzu menschliches Vergehen. Er erteilte ihr, nachdem sie ihr ganzes Dilemma inklusive Nachwehen und Spätfolgen ausgebreitet hatte, die Absolution. Und in einer Anwandlung von Zorn über den verkorksten Burschen, auf den ja auch er, der Abt selbst, in seiner Euphorie, endlich noch mal einen Verfasser christkatholischer Erbauungsliteratur gefunden zu haben, reingefallen war, gab er ihr die Adresse.

Aber es hatte denn doch noch Monate gedauert, bis Regine sich ein Herz fasste, das väterliche Wirtshaus auf unbestimmte Zeit und Dauer sich selbst überließ und nach Engelgau reiste. Sie hatte sich zunächst in einiger Entfernung vor dem vergilbten Häuschen postiert, das dieses merkwürdige Schild mit der Aufschrift *Michelsklause* trug. Nach einer halben Ewigkeit hatte sie endlich geklopft, um sodann nicht auf ihn, sondern auf seine Frau zu treffen, die jetzt fast behutsam nachfragte, wie lange es denn bis zur Niederkunft noch daure. »Sie können doch die Tage schon zählen.«

»Ich kann die Tage schon zählen.«

31

Warum eigentlich, warum lasse ich ihm nicht seine Ruhe? Belasse es nicht bei dem einen einzigen Bild von ihm, das in unsrer Familienchronik hängen geblieben ist, beim Bild des schwarzen Schafs? Überlasse ihn nicht der schweigsamen Vergesslichkeit der Literaturgeschichtsschreibung, sondern begebe mich auf die Gratwanderung zwischen Leichenfledderei und retrospektiver Würdigung – warum? Was ist das, was mich nicht in Ruhe lässt? Weshalb um alles in der Welt fühle ich mich veranlasst, hinter ihm herzuschreiben, mir einen Reim zu machen auf Dinge, die nicht zusammenzureimen sind, mich zum alles überblickenden und jeden durchschauenden Romanschreiber aufzuwerfen, mir Geschichten auszudenken als Bindeglied zwischen den Episoden, die in unserer Familie kolportiert wurden oder sich aus den wenigen vorliegenden Dokumenten erschließen? Wie komme ich dazu, mir das Vergnügen herauszunehmen, die in den Eifeler Jahren meiner Großeltern so dramatisch kulminierenden Ereignisse nach Art einer Familiensaga aus auktorialer Draufsicht zurechtzufabulieren?

Ich hätte ihn schon verdammt gern kennengelernt. Aber es gab ihn nicht mehr, als ich auf den Plan trat.

Wohl aber die ganzen Seiten zwischen seinen Buchdeckeln. Ein einziger Lobgesang auf die über allem stehende, schwebende Demut der Frau, die den verirrten Mann mit offenen Armen empfängt und an ihrem großherzig prallen Busen wärmt.

Und ein nimmer verklingendes Jubilate auf die fromme Moral. Geschrieben, aufgestanden, vergessen. Und vergeben.

Unterm Biertisch schiebt er den Frauen den Fuß unter die Röcke. Während er auf dem Tisch Bierdeckel vollkritzelt mit Hymnen auf die Jungfräulichkeit, die er kurz drauf – wenn's nach ihm geht – oben in der Dachkammer zunichtemacht. Keine Zeit mehr, an den Bierdeckel zu denken. Nicht wenige davon bleiben liegen. Noch in der Kneipe, wo er sie vollgedichtet hat.

Er reißt Sprüche, reißt Witze, reißt mit Blicken und, wenn's ging, mit den Händen den Eifelfrauen die Kleider vom Leib. Und im Roman schreibt er seiner Elisabeth-Magdalene vor, dass sie die ersten Tage ihrer Ehe *»wie Bruder und Schwester«* zu begehen wünsche! *»Wie schön könnte es sein«*, dichtet er in seinem *Weg*, *»wie schön könnte es sein, wenn dies schlichte Mädchen neben mir lebte! Du musst mir verzeihen, Marianne, ich kann nicht aus meiner Haut. Ich weiß, dass ich dir ein Unrecht antue, aber auch Christel habe ich unrecht getan und vor euch vielen anderen schon. Ich konnte mein Herz nicht in die Hände nehmen.«*

Ehrenwert ehrliche Worte, mit denen er seinen Romanhelden, der er, logisch, der er doch unverkennbar selbst ist, an die Verlobte denken lässt. Die ihrerseits wiederum im stillen Kämmerlein sitzt, auf seine Wiederkehr wartet, schluchzt und schwärmt: *»Du lieber,* *ungebärdiger Junge! Etwas von den jungen Pferden ist in dir, die noch nicht wissen, wo sie hintraben und vor lauter Jugend keine Zeit haben, auf ihre Sprünge zu achten.«* Und auf ihre Seitensprünge noch weniger.

Michel B.'s *Weg* ist eine Fundgrube für mein Unterfangen, mich an ihn ranzupirschen. »*Warum ist der Reichtum der Erde?*«, faselt sein Johannes. »*Warum ist die Fülle der verschiedenen Gezeiten so schön und so voll Wechsel? Willst du mich lehren, die Augen zu schließen und an den Herrlichkeiten vorüberzugehen, die Gott uns auf die Wege warf? Warum sind Mädchen und Männer?*«

So sehe ich mir seine Frauengeschichten in der Rückblende an, mit voyeuristischer Neugier, spioniere ihm Jahrzehnte später hinterher, sammle seine Fragezeichen auf und werfe sie ihm als Moralpredigt an den längst verstorbnen Schädel. Veranstalte genau das, was ich ihm vorwerfe: Empöre und erhebe mich über seine Niederungen und haue vor den eigenen ab. Reumütig bemüht, ihm abzunehmen, dass er oft und öfter zweifelte und verzweifelte an seinen verdammten Widersprüchen, die in ihm zerrten und zappelten. Hartes Brot, aber er kam nicht raus aus seiner Haut. Nicht mal mit der Schreiberei. Mag sich oft vorgekommen sein wie im Hyde Park, obwohl er freilich Zeit seines Lebens nie in London gewesen ist; wie einer also, der in aller Herrgottsfrüh raus in den Hyde Park stiefelt. Im Nebel. Speakers' Corner der maroden Welt da draußen. An einem kalten Novembertag morgens um halb neun. Wie er eine kleine Trittleiter ausklappen würde. Die Berufstätigen wären längst, wo sie hingehören, die Rentner noch nicht unterwegs, von Studenten ganz zu schweigen. Und kein

Schwein wäre auch nicht da. Und er würde den Nebeln predigen. Aber gut, alles immer noch besser, als Nazi-Blaupausen zu schreiben. Wenn er gekräht hat, hat er gekräht, wie ihm der Grünschnabel gewachsen war. Hofnarr, muss er sich gesagt haben, aber immerhin im Auftrag Gottes. Und der hat auch drüber gegrinst, über so manches seiner Verslein. Wusste, dass nicht viel für bare Münze zu nehmen war, aber wenig. Immerhinque.

Andererseits: Kann doch kein Vergnügen sein, das Erfinden, wenn man nicht erfinden kann, was man wann wie erfinden will. Sondern wenn man erfinden muss. Im Auftrag Gottes oder welchen Verlegers auch immer. Kalkuliertes Abenteuer. Broterwerb eben. So schön sind die schönen Künste. Die schöne Literatur: knochentrockenes Kalkül.

Andererseits: Er hat sein Urselschen durchgebracht. Sonst gäbe es mich nicht.

Andererseits: Nicht er hat das Urselschen durchgebracht, sondern vor allem Käthe. Vor allem sie. Mehr oder weniger sie allein. Weniger oder mehr.

O-Ton 39:

Ursula Land, geb. Becker

Ein sehr weites Jewissen. Indem et ihm jar nichts ausmachte, die Ehe zu brechen! Oder so. Oder die Pumpereien und die Lüjereien und Betrüjereien, um an Geld zu kommen. Dat is uch nit – ja, ich will dat jar nit mit ›christlich‹ sagen, et is noch nittemal moralisch. Er konnte ja sehr liebenswert auftreten. Und da fiel ja auch jeder drauf rein. Der hat immer wieder andere gefunden. Wir haben uns auch jewundert, wie viel Jecke et jab. Die auf den immer wieder erein fielen. Ja, der konnte unheimlich jut erzählen, und dann wurde dat alles in Lügen verbrämt. Der Teufel weiß, wat der da erzählt hat, dat kann ich nit sagen, ich weiß nit, wie viel Pastöre der anjepumpt hat. Dat er dann dahin jing un wieder köttete oder sonst wat machte. Ich weiß, datt er in Düsseldorf, »katholischer Arbeiterverein«, da hat er mal 400 Mark bekommen, Honorar, und dann ist der durch Düsseldorf spazieren jejangen, is ohne Geld in Köln anjekommen und hat behauptet, er hätte et in den Kanal jeschmissen. Hätt seine Taschen aufgeräumt, und alles, wat Papier war, wat er nimmehr brauchte, hätt er in der Kanal jeschmissen, einschließlich Kuvert mit vierhundert Mark.

Aber auch das, all diese Erzählungen, die meine Mutter ihm voll abgekauft hat, ich jlaube dat nit. Irgendwo auf den Kopf gehauen. Der hat nichts vor sich gerechtfertigt. Der hat sich ausjelebt. Un da sind einmal sind die Möbel rausjeholt worden. In Zollstock. Hach, dat war auch hochdramatisch. Da is meine Mutter erst mit mir zum Jericht jelaufen, ich musste ja dann immer mit, wo sollt' sie mich auch lassen, und hat et Armenrecht beantragt. Un hat dat auch bekommen. Aber – un dann jab's einen Jerichtsvollzieher, der hieß Wild. Und dann saß er immer – dat Wohnzimmer jing zur Straße hin, un da konnte man hinter den Jardinen gucken, wer schellte.

Und wenn dat der Wild war, dann durften wir uns nich mehr bewegen, und dann war keiner zu Hause. Aber immer muss dat wohl nicht jeklappt haben, jedenfalls da is mal alles rausjeholt worden. Bis auf et Schlafzimmer un die Küche. Da haben die Gläubiger ein Pfändungsurteil erwirkt. Jedenfalls war alles weg.

Die Tatsache – und das dürfte die andere Seite der hauchdünnen Medaille sein –, dass er jahrzehntelang im Kriechen lebte, war für ihn selbst vermutlich nur zu ertragen mit jenem beachtlichen Aufgebot an Sarkasmus, das er zu diesem Behufe vor sich hertrug. Er nahm die Schulden auf die leichte Schulter, grinste über sein ewig klammes Portemonnaie. Vielleicht auch hat ihn in stillen Stunden der Verzweiflung seine Finanzlage und die seiner Familie gequält. Gut möglich. Sehr wahrscheinlich. Aber mit Sicherheit hat er die Misslichkeit seiner materiellen Lage nie nach außen gezeigt. Außer bei spendenwirksamen Auftritten als von der Welt im Stich gelassener Moral- und Glaubensapostel. Ansonsten pflegte er, mit einem flotten Scherz über die ewige Pleite wegzuhobeln.

O-Ton 40:
Ursula Land, geb. Becker

Unheimlich viel Jeld ist rein gekommen durch ›Ein Weg‹, wat Jahresband in der Bonner Buchgemeinde war. Und beim ›Halven Hahn‹, in den zwei Jahren haben die unheimlich viel verdient. Aber da ist auch unheimlich viel ausgegeben worden. Da sind Wochenenden im hinteren Siebengebirge jestiegen, und dann wurde nach Bad Kreuznach gefahren. Und dann hatte er wieder irgend en Freundin, da fuhr er mit der ein paar Wochen fort. Der hat schon Jeld verdient. Und mit vollen Händen aus dem Fenster jeworfen. Die letzten fünf Mark – sind sie in ein Mozartkonzert gegangen. Am nächsten Morgen sind sie über Land jepiljert und haben bei den Pastören jebettelt, und ein Pastor hat ihnen dann auch ein Handwäjelchen voll Essen jebracht. Dat se wenigstens zu leben hatten.

Seine Tochter, meine Mutter, war bis ins hohe Alter, so lange sie entsprechend mobil war, peinlich darauf bedacht, bestimmte Villen, Klöster und Schlösschen im Zweihundert-Kilometer-Radius um Köln großräumig zu umschiffen. Wiewohl die Hypothek seines von den Realitäten ungetrübten Verhältnisses zum Mammon bis auf den heutigen Tag fortwirkt: Seine Nachfahren in zweiter und dritter Generation – inklusive meiner Person – werden von einer fast neurotischen Angst vor Schulden gebeutelt.

O-Ton 41:
Ursula Land, geb. Becker

Stellenweise Faszination und stellenweise auch, dass ich mal einen Abend sehr schön empfunden habe, aber nie Liebe. Da war ja nichts zu lieben.

Er hatte sicher eine Ausstrahlung, ja, wenn er zu Haus war und nicht gerade so eine Sauftour drauf hatte und abends gemeinsam gelesen wurde. Das waren natürlich Dinge, also die ich sehr genossen habe, und dass er mich überhaupt sehr früh auch an Literatur gebracht hat. Zärtlich war er, konnte er sein. Aber wenn du ihn gerade aus der Kneipe geholt hattest, und er hatte seinen Rausch ausgeschlafen und wollte dich dann auf den Schoß nehmen, dann gingst du natürlich nicht. Ne? Dann war er beleidigt. Dann war er zutiefst betroffen und beleidigt. Und dann wurden Versprechungen abgegeben, aber die wurden von jetzt auf gleich vergessen.

Wenn du auf ihn zugingst, und der zog seinen Charme auf, dann warst du fasziniert von ihm; und er war ja auch sehr klug, er wusste ja viel, war sehr belesen und konnte es auch an den Mann bringen, und man konnte sich sehr gut mit ihm unterhalten. Da fuhrst du zunächst darauf ab. Und wenn du abgefahren warst, wurdest du noch einmal angepumpt, und dann wurdest du belogen, wenn du das Geld wiederhaben wolltest, und wenn du Pech hattest, fielst du noch einmal drauf rein. Und dann war der Ofen aus.

O-Ton 42:
Elfriede Kern

Ich möchte sagen, dass er überhaupt keine Richtlinie hatte. Willfährig jedem Triebe.

O-Ton 43:
Hans-Michel Becker

Also ich hab meinen Vater nie streng erlebt. Nicht? Vor allen Dingen auch sich gegenüber war er nicht streng. Da soll es also, nehme ich an, Leute gegeben haben, die strenger waren. Und ich weiß gar nicht, wie ich geguckt hätte, wenn der also räsoniert hätte!

O-Ton 44:
Elfriede Kern

Ein Bohemien! Der nichts anderes sieht als seine Traumwelt. Er fühlte sich ja auch als großer Schriftsteller. Nicht? Zum Geld hatte er überhaupt kein Verhältnis. Mit ein paar Zügen durch die Gemeinde war das dann wieder alle. Züge durch die Gemeinde, und dann an der Theke große Reden halten, so könnte ich mir seine Welt vorstellen. Viel mehr nicht. Ich könnte mir nicht vorstellen, dass der im stillen Stübchen gesessen hätte, tief vergessen da gesessen hätte, Goethe gelesen. Dafür ist der viel zu oberflächlich und zu viel – das war ein Zigeuner, das ist der richtige Ausdruck, ein Zigeuner. Ein Zigeuner mit literarischem Anstrich. Nicht wie ein ernster Schriftsteller und Dichter, der in Mußestunden da sitzt und sich vergräbt in Literatur. Also ich könnte mir nicht vorstellen, dass er sich einen Lyrikband hergenommen hätte oder gar was Dramatisches – irgendetwas, und das mit Genuss gelesen hätte. Könnt ich mir nicht vorstellen.

32

Kirch kannte sich aus in der Gegend. Und er hasste es nun mal, auf Granit zu beißen. Also steuerte er – von Ludwig Lucas, seinem Engelgauer Schergen, und von Michel B. flankiert – eins der abgelegenen Seitentäler an, wo er einen kleinen, seit Generationen von einer Handvoll Steinhauer unter den Hammer genommenen Steinbruch wusste. Während im vorderen Teil die Steinmühle unermüdlich knarzte, in deren unmittelbarer Umgebung die Männer ebenso unermüdlich schufteten, gab es ein paar Hundert Meter weiter einen zweiten Bruch, der nicht nur bereits seit Jahren ausgeschlachtet, sondern zudem in einem dichten Fichtenwald verborgen war. Für Joseph Kirch wie gemacht als Betätigungsfeld bei besonders delikaten Fällen, von denen indes er sehr zu seinem Leidwesen auf den verschlafenen Eifelhöhen nicht allzu viele vor die Brust, um nicht zu sagen: vor die Flinte bekam. Oder doch bislang bekommen hatte. Sodass er sich dieser Sache nun mit besonderem Eifer annahm.

Michel B., eingedenk dieser unwirtlichen Gegend in der unwirtlichen Gegend, begriff, dass er nicht zum Spaß hierher expediert wurde. »Was wollen Sie denn von mir?«, fragte er mit belegter Stimme. »Wenn ich bloß wüsste, was Sie eigentlich …«

»Dass Sie für Volk, Führer und Vaterland die Schnauze aufmachen«, knöterte der Ortsgruppenleiter, ohne die wulstigen Lippen weiter als irgend nötig zu öffnen, »dass Sie das Schandmaul rühren!«

»Aber ich weiß nichts. Von Politik, sag ich doch, von Politik versteh ich nichts.« Wobei mein Großvater die letzten Worte schon nicht mehr grade herausbrachte, da er erkennen musste, dass sich die Wehrmachtspistole, die Kirch soeben entsichert hatte und jetzt am ausgestreckten Arm in Schussrichtung brachte ohne die kleinste Unsicherheit in der Bewegung, dass sich der Lauf der Pistole genau auf die Mitte seiner Stirn einjustierte. »Kirch, sind Sie wahnsinnig?«, stammelte er und schob dabei die Zunge zwischen die Schneidezähne, damit man das Klappern nicht hören konnte. »Sie sind ja …«

Kirch drückte ab.

Es löste sich allerdings kein Schuss. Und folglich ging auch kein Projektil auf die Reise.

Aus dem Kehlkopf meines Vaters kroch ein gutturales »Sie wollen doch nicht …«

»Komisch«, sagte Kirch, ohne ein Grinsen verbergen zu können, »komisch, ich dachte, ich hätte eine anständige Patrone eingelegt. Wie das Leben manchmal spielt! Na ja, sei's drum.« Und während er nun eine frische Kugel mit dem Eifer eines dienstbeflissenen, aber nicht grade erfahrenen Landsers an den Start brachte, murmelte er in sich hinein, grade laut genug, dass mein Großvater ihn verstehen konnte und musste: »Hat das verdammte Sackgesicht eben noch 'ne zweite Chance.« Um dann mit übertriebener Lautstärke fortzufahren:

»Ich will von Ihnen wissen, welche Rolle dieser Pater Clemens in Maria Laach spielt. Oder gespielt hat. Und wenn Sie nichts wissen, wie Sie behaupten, dann wissen Sie doch, was ich hören will.«

»Dass dieser Bruder Clemens der Kontaktmann ist«, sprudelte es aus Michel B. heraus, ohne dass er der Entfesselung seiner Einlassungen etwas entgegenzusetzen gehabt hätte, »dass er die Fäden zusammenhält. Dass er's ist, der den Leuten einheizt und die Marschroute vorgibt. Der sie alle zusammentrommelt und auf schändliche, Volk, Führer und Vaterland schädigende Strategien einschwört. So was in der Richtung?«

»Warum nicht«, lächelte Kirch anerkennend. »Gar nicht man so schlecht, Becker, was Sie sich da für Würmer aus der Nase ziehen. Obwohl gar kein Hahn dreimal kräht. – Ludwig, hast du das? Hast du das mitgeschrieben?«

33

Je eindeutiger mein Großvater durch die Bemühungen meiner Mutter und ihres fünf Jahre älteren Bruders Hans-Michel als das schwarze Schaf der Familie herauspräpariert wurde, desto mehr gewann er für mich in jugendlichen Jahren die Dimension eines geheimnisumwitterten Faszinosums. Nicht unmaßgeblich trug jener ungeheuerliche Satz dazu bei, den ich, seit ich denken kann, von meiner Mutter zu jeder Tages- und Nachtzeit aufgetischt bekam, wenn sie aus welchem Grund auch immer mal wieder meinte, ungehalten sein zu müssen: »Du bist wie dein Großvater!« Aus dem Munde meiner Mutter das denkbar schlimmste Urteil! – Gut gut, vielleicht sickert an dieser nach wie vor empfindlichen Stelle eine Portion Selbstmitleid ein. Aber genau das sagte man meinem Großvater desgleichen nach.

Meine Mutter jedenfalls gab sich alle erdenkliche Mühe, mir ein alles andre als positives Großvaterbild vor Augen zu führen. Sie hasste seine, wie sie es auf den Punkt brachte, »totale Verantwortungslosigkeit«. Nicht ganz unverständlicher Weise, hatte sie doch ihre gesamte Kindheit im Schatten der chaotischen Verhältnisse zugebracht, die er hervorrief, ohne dass er eben dieses Chaos wirklich wahrzunehmen gewillt war.

O-Ton 45:
Hans-Michel Becker

All diese Umzüge sind ja auch zum Teil in einer Zeit erfolgt, wo meine Schwester also schulpflichtig war. Was dazu geführt hat, dass sie also zu den unterschiedlichsten Schulen hat gehen müssen, angefangen vom Gymnasium, vom Internat bis hin zur einklassigen Dorfschule, nicht? Und die hat das also ausbaden müssen.

Die Einzige, die bis zuletzt ein strahlendes Bild von Michel B. wacker hochhielt, war, obwohl sie wie kein anderer den Auswirkungen seiner Allüren ausgesetzt war, meine Großmutter! Überschwänglich erzählte sie von ihm, feierte ihn als bedeutenden Dichter, kölsch-humorigen Geschichtenerzähler, der immer ein Witzlein auf den Lippen hatte und allemal für ein Anekdötchen zu haben war. Sie schaffte es sogar, von ihm als einem treuherzigen Ehemann zu schwärmen, der noch auf dem Sterbebett gemurmelt habe: »*Un du warst doch et Beste, wat ich jehabt hab.*«

Ein Satz, dessen perfiden Subtext meine Großmutter erfolgreich überhörte, an dem sie sich vielmehr während der langen Jahre ihrer Witwenschaft hochhielt und den sie mir gegenüber im Zuge ihrer zunehmenden Arteriosklerose immer häufiger zitierte.

»*Liebe Marianne, auch du hast es nicht einfach gehabt*«, gibt Michel Becker in seinem Roman *Ein Weg* direkt auf der ersten Seite zu. Und diese Marianne erinnert fatal an meine Großmutter, mit der er bei Drucklegung des Buchs schon acht Jahre verheiratet war. *»Aber das Schöne fällt keinem in den Schoß«*, schiebt er gleich hinterher. Schuld an der Mühsal ist also beileibe nicht er, sondern das Schicksal oder Gottes Fügung. Wie praktisch.

Sodann lässt er Marianne in ihr Tagebuch schreiben: *»Er darf in sich keine Ruhe finden; auch ich«* – also besagte Marianne – *»auch ich werde ihm nie genug sein. Meine Seele wird er oft betrüben, weil ein Rausch in ihm ist, der jeden Zügel zerreißt. Auch dies ist notwendig. Meine Liebe zu ihm zwingt mir immer wieder den Willen zu diesem Opfer ab.*

Er wird tausend Gesichter haben neben dem einen, das ich liebe; aber es gibt für ihn keinen anderen Weg zu sich selbst. In jedem der vielen Wechsel fühlt er eine große Einmaligkeit; das ist das Kind in ihm. Ohne dieses Kind in sich könnte er niemals ein Dichter sein. Werde ich ihn zuweilen heimholen können in unsere stille Enge und zu seinem ureigensten Gesicht? Das ist meine Aufgabe an ihn.

Und ich will da sein, immer wenn er heimkehrt; er soll sich die Finger nicht an der Türe meines Herzens blutig pochen müssen. Zu wandern ist nun einmal sein Wesen, und er kommt nicht leer heim von den dunklen und lichten Fahrten.«

O-Ton 46:

Ursula Land, geb. Becker

Also mitunter hab ich ihn ja im Verdacht – aber ich mag ihm damit unrecht tun, und dat sind eben diese Dinge, weshalb ich vor der janzen Jeschichte Angst hab, dat ich ihm wirklich nicht jerecht werde. Weil ich in dieser Zwiespältigkeit ja jelebt hab und jroß jeworden bin und die Auswüchse ja mitjekriegt hab. Un deshalb weiß ich auch nit, wat Schau war. Weil ich ihm vieles nicht abkaufen konnte. Weil er nicht viel von Treu un Redlichkeit hielt, sonst hätte er ja nit mit meiner Mutter schon en Verhältnis anjefangen, während seine erste Frau noch lebte. Un auch datt er den Hans-Michel so ohne Weiteres der Tante überlassen hatte, mit Erziehung und Bezahlung un allem. Den Weg des jeringsten Widerstandes jehn. Dat war eben sehr praktisch: Der is jut versorgt, un damit bin ich et los. De Verantwortung.

34

Mein Großvater scharrte mit dem Messer auf der Wachstuchtischdecke herum, als gelte es, sämtliche Krumen der letzten Jahre zusammenzufegen. Dann ergriff er endlich wieder das Wort: »Ich beklag mich ja gar nicht, ich …«

»Ich aber«, fuhr meine Großmutter ihm übers Maul.

Aber ihr Mann ließ sich diesmal nicht so leicht aus dem Konzept bringen. »Ich frag mich nur«, ranzte er, »wo die ganze Wurst hin ist, die ich dem Geller aus dem Kreuz geleiert hab. Hartwurst mit Kümmel, eine ganze. Muss man sich mal vorstellen. Ein Vermögen, Kleinod für den Gaumen und Magenfüller erster Ordnung; wo ist das Ding hin?«

Meine Großmutter, ohne von ihrer Arbeit aufzusehen – die Kartoffeln schälten sich schließlich nicht von selbst, und heute mussten besonders große Mengen bewältigt werden, denn sie hatte von der Bäuerin am Ende des Dorfes einen ganzen Strunk Zwiebeln geschenkt bekommen und wollte endlich mal wieder alle Mäuler stopfen, bis jedes Hungergefühl verschwunden sein würde: Reibekuchen stapelweise – meine Großmutter also entgegnete: »Ich führ nicht Buch über jedes Scheibchen Wurst.«

»Doch. Genau das nämlich tust du für gewöhnlich. Also: Wo ist das Ding?«, brachte Michel B. noch heraus, bevor er zur Salzsäule mit aufgerissenem Karpfenmaul erstarrte.

»Hab *ich* vertilgt«, schoss, eben in die Küche eintretend, Regine ihren ersten Pfeil ab. Und dieser verfehlte sein Ziel keineswegs.

Mehr, um überhaupt etwas zu sagen, denn als Rettungsmanöver mit ernst zu nehmender Aussicht auf Erfolg, fielen meinem Großvater anderthalb Satzfragmente aus dem schockgefrorenen Gesicht: »Du – wer sind Sie?«

»Du duzt die Dame? Ihr kennt euch?«

Michel B. sah seine Frau mit einigermaßen überzeugender Ratlosigkeit an. »Nicht im Entferntesten.«

Meine Großmutter unternahm einen Versuch, mit wedelnden Händen die plötzlich vom Schweißgeruch kontaminierte Luft in der kleinen Küche zu vertreiben. Oder doch wenigstens den Geruchsnachschub zu verzögern. »Sie dürfen meinem Mann die Unhöflichkeit nicht übel nehmen, junge Frau! Wissen Sie, er steht von allen möglichen Seiten ziemlich unter Druck. Und ich bin noch nicht dazu gekommen, ihm zu erzählen, dass Sie vorübergehend hier logieren.« Worauf Käthe B. sich an ihren Mann wandte: »Sie trägt ein Kind unterm Herzen.«

»Was schwerlich zu übersehn ist«, knurrte mein Großvater und lieferte Regine damit eine Steilvorlage.

»Aber ansonsten übersieht der Mann alles.«

»Wovon reden Sie?«, versuchte er ein weiteres Mal, sich ans rettende Ufer unbedarfter Harmlosigkeit zu robben.

»Junge Frau, täusche ich mich oder wollten Sie eigentlich was fragen«, sprang ihm seine Käthe zur Seite, indem sie ihm etwas Luft für dringend anstehende Strategieerwägungen verschaffte. Das jedoch bescherte ihm zunächst mal das begehrte Glücksgefühl, dass auf ihre gutgläubige Naivität Verlass war. »Was wollten Sie denn fragen?«, lächelte meine Großmutter.

Regine nahm das als Wink mit dem Zaunpfahl, und indem sie sich zum Gehen wandte, brachte sie ihre ursprüngliche Frage heraus: »Ich soll mich im Büro der NSDAP-Ortsgruppe melden. Wo finde ich das?«

»In Zingsheim«, antwortete Käthe B., froh, ihr Unterfangen von einigem Erfolg gekrönt zu sehen. »Ist gar nicht zu verfehlen. Immer dem Geruch nach.«

»Dem Schwefelgeruch nach«, zog mein Großvater bei dem Ablenkungsmanöver dankbar mit.

Doch ganz so problemlos wollte Regine seinen Kopf nicht aus der Schlinge lassen. Während sie die Küchentür aufquietschte, zog sie den für heute letzten Pfeil aus dem Köcher: »Du wirst dich noch wundern, an was für Details ich mich so alles erinnere.«

35

O-Ton 47:
Elfriede Kern

Also Jeld hatten sie ja nicht jehabt. Die sind bettelarm jewesen. Die hat bei mir für die Stunde 'ne Mark jekriegt im Krieg. Buchführung jemacht. Ne? Aber sie war 'ne gute Kraft. Ich konnte mich hundertprozentig auf sie verlassen. Also sagen wir mal, ehm ehm, so wirtschaft-, wie soll ich sagen, glaubwürdig mit Jeld also war sie nicht. Aber sie hatte es brennend nötig! Un drum hab ich da alles drüber wegjeguckt. Die ging auch an't Portemonnaie. Mein Bruder, der hatte mal ...
... also datt Sie der Ursel da nie 'ne Andeutung machen! Wir begucken das ja jetzt von 'ner höheren Warte. Nicht? Wir versuchen dahinterzukommen, wie können Sie den beurteilen. Un die Frau Becker war mir gut und treu erjeben – bis auf et Jeld. Nit? Mein Bruder hat emal da draußen in der Jarderobe seinen Mantel hängen jelassen, un da war't Portemonnaie drin. Un da war sie dran jejangen. Un da hat er dat zwei-, dreimal jemerkt, un da is er hinjejangen und hat er alles Jeld rausjenommen un hat alles

voll Büroklammern jemacht. Un da musste se ja zwangsläufig auch wieder dran jehn. Und danach is nix mehr passiert.«

36

Irgendwie konnte oder musste man in Engelgau den Eindruck gewinnen, der Fall des im brennenden Herzchenhaus umgekommenen Diakons sei längst in Vergessenheit geraten bei den offenbar anderweitig unter Hochdruck mahlenden polizeilichen Amtsmühlen. Jedenfalls waren Monate ins Land gegangen, ehe die Herren aus der Kreisstadt die Ermittlungen wiederaufnahmen, um nun allerdings mit deutscher Gründlichkeit zu Werke zu schreiten.

Eines Novembertags kreuzte das reichskriminalpolizeiliche Krad mit Sozius durchs Dorf, und es war längst dunkel, als die Kommissare die Höfe am Dorfrand einen nach dem andern abklapperten und alle Bewohner, derer sie habhaft werden konnten, ausquetschten. Erfolglos. Ihre schweren Motorradjacken waren durchtränkt vom Eifeler Nieselregen. Die Reifen durchpflügten die matschigen Reste des Frühschnees, der – üppig genug – den Winter schon mal heraufbeschworen hatte, sich aber mit der zeitigen Ankunft, wie's aussah, übernommen hatte. Die beiden Kripobeamten nickten sich unter ihren triefendnassen Motorradhauben zu und wollten eben – unverrichteter Dinge – die Rückfahrt antreten, als sie eines halb offenen Scheunentors gewahr wurden, das einen dünnen Lichtkeil in die nasse Finsternis der beginnenden Nacht trieb.

Das Milchgesicht zog die Bremse und riss den Lenker rum, sodass das Krad, den Beiwagen durch den Matsch schleudernd, abrupt zum Stehen kam. Ohne die Motorradhauben abzusetzen, stiefelten die beiden Beamten gradewegs auf den Lichtstreifen zu. Noch bevor sie die Scheune betreten hatten, hörten sie eine altersbrüchige Stimme, die lauthals zeterte, er solle jetzt, nein, sie beide sollten jetzt augenblicks, aber so was von augenblicks den Heuhaufen, in dem sie jetzt ja schon die ganze Nacht und den ganzen Tag die Stecknadel und ihr Vergnügen oder was suchten, diesen Heuhaufen sollten sie jetzt schnurstracks Heuhaufen sein lassen.

»Schleicht euch!«, polterte in seinem breiten Eifeler Platt der alte Bauer, den die Polizisten, durch den Türschlitz linsend, in der Scheune stehen sahen, breitbeinig und mit Laterne am angewinkeltem Arm. »Becker, eure fünf Mark und meine Geduld sind aufgebraucht. Restlos. Wenn ihr euch jetzt nicht sofort vom Acker macht, is Schluss mit Stillschweigen, dat sag ich euch. Noch 'ne Nacht is nicht drin.«

»Becker, Michel?« Der Kommissar öffnete das ächzende Scheunentor noch einen Spalt weiter und baute sich mit seinem Kollegen auf der Schwelle auf.

»Mit wem hab ich die Ehre?«, kam es kleinlauter vom Heustapel zurück, als der forsche Spruch vermuten ließ.

»Reichskriminalpolizei Euskirchen.«

»Was? Wer?«, tönten mein Großvater und der Bauer praktisch unisono, während Regine sich in betretenes

Schweigen hüllte, ihre Röcke richtete und sich verstohlen drei, vier Heuhälmchen von der Bluse zupfte.

»Kripo«, staunte der Bauer und schlug die klobigen Hacken zusammen, »wat für 'n hoher Besuch in mei'm Heuschober! Da bin ich ja platt, aber so wat von platt. Becker, dich sucht die Kripo? Mann, wenn ich das gewusst hätt, dann wärste mit deinen scheiß fünf Märkern aber nicht weit gekommen bei mir, verdammt noch mal.«

»Seit wann gewähren Sie Herrn Becker und, ja, wie soll man sagen? seiner Mätresse …«

»Dame«, sekundierte mein Großvater.

»… und seiner Dame schon Herberge?«

»Wat weiß ich«, grunzte der Alte, »Becker, wann haste gestern an meiner Tür gescharrt?« Der Bauer sah seinen Logiergast Hilfe suchend an.

»Ich meine: War's das erste Mal?«

»Nee, verdammt noch mal, immer mal wieder, schon zigmal, immer, wenn er mal wieder …«, der arme Mann biss sich auf die Lippen. »Die paar Kröten jedenfalls, die der mir zusteckt für 't weiche Heubett samt Plumeau aus Stillschweigen, die sind längst aber so wat von aufgebraucht – da kommen Sie grade recht, dass wir den hier bei den Hammelbeinen achtkantig, aber so wat von achtkantig …«

»Seit wann ›immer mal wieder‹? Wenn's vielleicht ein bisschen genauer ginge!«

»Gott, seit Jahren halt immer mal wieder.«

Fieberhaft arbeitete es im Kopf meines Großvaters. Weshalb, zum Teufel, war die Kripo hier wohl aufgekreuzt, und was konnten die Herren hören wollen? Beziehungsweise was würde seinen Hals am ehesten aus welcher Schlinge auch immer ziehen, auf deren Gründe und Hintergründe er sich partout keinen Reim machen konnte? Plötzlich aber, plötzlich schoss ihm durch den Schädel, dass die womöglich auch seiner blödsinnigen Kneipenprahlerei hinterherfahndeten, die er vor hundert Jahren in Maria Laach vom Stapel gelassen hatte. Verflucht noch eins, in was für 'n Wespennest er da gestochen hatte! Bloß, um sich vor ein paar Dorfdeppen zu brüsten. Wie blöd konnte man doch sein! Um jetzt nicht wieder einen Fehler zu machen, erschien es ihm geraten, seine Scheunenaufenthalte ein wenig auszubauen: »Wissen Sie, die Herrn, Bauer Hustert hat in den letzten Jahren gar nicht schlecht an meinen zuweilen vielleicht etwas zügellosen Leidenschaften verdient. Sollte er diese Einnahmen vielleicht nicht ordnungsgemäß versteuert haben? Aber«, fügte er, offenbar von kumpelhaftem Einverständnis unter Männern ausgehend, hinzu, »die Herrn, ich hoffe, ich kann mich auf Ihre Diskretion verlassen. Meine Frau muss davon nichts erfahren, nicht wahr?!«

»Haben Sie Herrn Becker auch am 10. April diesen Jahres Herberge geboten?«, fragte das Milchgesicht. Eine Frage, die, dem Blick nach zu urteilen, sein Vorgesetzter als ausgesprochen dämlich befand. Typisch Polizeischulabgänger! Woher sollte ein doch offensichtlich ausgesprochen einfach gestrickter Bauer wissen, was sich zu einer bestimmten Stunde vor mehr als einem halben Jahr in seiner Scheune zugetragen hat?

»Janz jenau, ja. Auch am 10. April«, sagte der Landmann eifrig, »da war der Becker auch im Heu.«

»Mit wem?«, fragte Regine mit belegter Stimme.

Aber der Bauer fuhr ungerührt fort: »Dat weiß ich jenau, aber so wat von jenau. Weil sich mein Enkel in' Kopp jesetzt hatte, seinen Jeburtstag hier auf'm Hof zu feiern, und weil ich mir so schön ausgemalt hatte, wie ich dem Becker im Heu die ganze Rasselbande auf'n Hals hetzen würde. Aber der Norbert hat et sich dann doch anders überlegt, Blödmann der, ist einfach nicht anjeschissen jekommen, hat seinen Jeburtstag ich weiß nicht wo jefeiert. Auf nix mehr ist Verlass.«

»Dann haben Sie also«, hob der Grünschnabel mit sichelbreitem Grinsen den Daumen über die Schulter, während er Michel B. ins Visier nahm, »dann haben Sie also die ganze Bescherung erst später gesehen?«

»Was in drei Teufels Namen war denn am 10. April«, mein Großvater zermarterte sich das Hirn. Bis plötzlich der Groschen doch noch fiel. »Ach so, das meinen Sie.«

»Genau das«, gab der Kommissar zurück.

»Ja, was denn, verdammt und zugenäht?« Auch der Geduldsfaden eines Eifeler Bauern war kein Drahtseil.

»Unser Scheißhaus«, fuhr Michel B. ihm übers Maul, »abgefackelt wie 'n Scheiterhaufen. Und ich hab hier in Ihrer Scheune meinen Spaß!«

Die beiden Kripobeamten bestiegen ihr Krad und knatterten eingedenk ihres erfolgreichen Ermittlungsabschlusses durch den inzwischen eimerweise vom Himmel klatschenden Nachtregen von hinnen. In Engelgau wurden sie einstweilen nicht mehr gesehen. Den »Todesfall Diakon auf Abort« legten sie unter »Unfall durch Unachtsamkeit beim Umgang mit offenem Feuer« ab.

Die oben beschriebenen Vorgänge um das Engelgauer Plumpsklo habe ich nirgends historisch verbrieft gefunden. Nicht mal den Umstand, dass mein Großvater beim Dorfdiakon, unmittelbar nachdem dieser die bescheidene Erbschaft seiner Tante angetreten hatte, vorsprach, um ihm einen nicht unansehnlichen Kredit aus dem Kreuz zu leiern. Mit tränendrüsengetränktem Nachdruck vermutlich. Dass hingegen besagter, auf dem stillen Örtchen zu Tode gekommene Zingsheimer Diakon reichlich Innereien aus dem Familienleben der hungertuchnagenden Beckers kannte, mithin über hinreichend Druckmittel für die säumigen Rückzahler verfügte, und dass er damit zu einer ernsthaften Bedrohung ihrer ohnedies stets auf der Kippe stehenden Existenz geworden war, steht außer Frage.

37

Sauwetter das!« Michel B. schlug sich den Schnee vom Mantel und warf dem Hitlerporträt an der aschfahlen Wand einen abschätzigen Blick ins Gesicht, um sich dann an die konturlose Masse auf der anderen Seite des Schreibtischs zu wenden: »Na, Kirch, hab ich dir zu viel versprochen?«

»Ruhe jetzt mal«, belferte dieser.

»Kleine Brötchen backen, sicher sicher, kann ich auch. Übung macht den Meister.«

»Haben Sie ganz schön was angerichtet, Mann, Becker.«

Mein Großvater, der sich seit den Vorfällen im Steinbruch irgendwie auf der sicheren Seite wähnte, mit Kirch sogar den einen oder andern Abend in der Zingsheimer Kneipe zersoffen hatte, holte zu einer bewusst unbeholfen pathetischen Beschwörung aus: »Hören Sie, egal, was die Kleine Ihnen erzählt hat, ich hab mit diesen Leuten nichts zu schaffen. Und nichts zu schaffen gehabt. Die haben da ihr Karwochentreffen abgehalten, haben, ich weiß nicht was, ausgeheckt, und ich hab die Flucht vor der klösterlichen Disziplin ergriffen. Bin getürmt, in die nächstbeste Pinte eingefallen und …«

»Das Politische meine ich doch überhaupt nicht.«

»… und über die Süße hergefallen. – Nicht? Nicht das Politische?«, verschluckte sich Michel B. und hätte sich am liebsten auf die Zunge gebissen, weil er wieder mal mehr ausgeplaudert hatte, als notwendig gewesen wäre, um seine Haut zu retten.

»Apropos Süße«, sagte Kirch und schielte meinen Großvater über den Rand seiner Lesebrille hinweg an, »wie gedenken Sie eigentlich, Ihrer Verantwortung gerecht zu werden.«

»Verantwortung?«

Jetzt schob Joseph Kirch seine Brille mit ausgestrecktem Zeigefinger den Nasenrücken hinauf und drückte sie an ihrem Dienstort fest in die sonderbar tief geratene Kerbe zwischen Nasenwurzel und Stirn, die seinem Gesicht, wenn nicht seiner Person, ein dem Amt des Ortsgruppenleiters äußerst zuträgliches finstres Aussehen verlieh. »Sie haben der bildhübschen Regine immerhin einen Balg an den Hals gehext.«

»Ich? Da weiß ich ja gar nichts von«, versuchte es mein Großvater mal wieder mit Ahnungslosigkeit.

»Haben Sie nicht grade noch getönt, Sie seien über sie ›hergefallen‹?!« Kirch rutschte auf seinem Stuhl hin und her, die Sitzfläche bis auf den letzten Zentimeter auskostend. Irgendwie schien ihm nicht ganz wohl zu sein in der Haut des Moralapostels.

»Ich war zu der Zeit garantiert nicht der Einzige in den Federn von dieser, wie heißt die?: Regine«, maulte Michel B. und setzte eine von Eifersucht zerfressene Miene auf.

Worauf Kirch sich erhob, den Rücken durchdrückte und sich, soweit sein schwammiger Oberkörper das zuließ, kerzengerade aufrichtete: »Um es in den Worten unserer geliebten deutschen Sprache zu sagen: Sie sind ein feiges Schwein, Becker! – Aber das soll nicht unser Gegenstand sein.«

»Diesmal machen *Sie* mich ganz meschugge«, raunte mein Großvater. Plötzlich wusste er wieder, dass er und warum er die Nazis hasste. Alle, wie sie da waren.

»Wissen Sie was?: Ich glaub Ihnen sogar, dass Sie diese katholischen Ketzer«, Kirch zog, während er sein ausladendes Hinterteil wieder auf den Stuhl rumsen ließ, die Nase hoch, schnorchelte mit gegen die Wangen rollender Zunge den Rotz zu einem breiigen Knoten zusammen und warf – nicht ohne sich die hängen gebliebenen Schlieren mit dem Zeigefinger von den Lippen zu wischen – einen hässlichen Flatschen aus, der sich direkt auf dem Boden neben dem Schreibtisch breitmachte, »dass Sie diese versoffenen Vaterlandsverräter und übel riechenden Häretiker in Maria Laach, dass Sie die allenfalls von ferne gesehn haben. So jauchenfeige, wie Sie sich der Regine gegenüber verhalten. Glaub Ihnen aufs Wort, dass Sie sich verpisst haben, als es brenzlig wurde.«

Mein Großvater wollte trotz dieser alles andere als zartfühlenden Vorhaltungen die bislang so zielsicheren Pfade kumpelhaften Einvernehmens nicht einfach so verlassen. »So weit hab ich's ja nicht mal kommen lassen«, sagte er. »Tagelang keinen Tropfen, Kirch, das ist nicht auszuhalten. Zumal wenn man weiß, dass die Weinkeller randvoll sind. Beste Traube von sonnigen Moselhängen. Dieser rubinrot Nussige, wissen Sie.«

Kirch aber fühlte jetzt die Kraft seines Amtes bis in die letzte Haarspitze. Erneut erhob er sich mit fast militärischem Schneid, der sich bei seinem opulenten Fettbalg allerdings eher grotesk ausnahm. »Bleiben wir bei der Disziplin. Auch wir haben uns auferlegt, Sie eiserne, wohlgemerkt, eiserne Disziplin zu lehren«, dröhnte er. »Es dürfte Ihnen klar sein, dass Sie zu den Jahrgängen gehören, die die Ehre haben, für Führer und Vaterland ins Feld zu ziehen, wenn's denn so weit ist.«

»Leeven Jott, Kirch«, jetzt musste Michel B. ganz ohne Kumpaneibemühungen prustend lachen, »ihr wisst doch, dass ich zweierlei Händ' hab. Ich und das Waffenhandwerk?! Mann, das geht ins Auge.«

»Das lassen Sie man unsere Sorge sein, wir werden schon einen Schleifer finden, der's versteht, Sie trefflich einzunorden. Sie finden sich am 15. November um sechs Uhr in der Früh im Bahnhof Münstereifel ein! Ich wünsche Ihnen eine gesegnete Nachtruhe.«

38

Michel B. mag beispielhaft für den »kleinen Mann« stehn, der im Dritten Reich versuchte, sich durch die unwirtlichen Verhältnisse zu lavieren, der insbesondere bei ansteigendem Alkoholspiegel zwar meckerte, sich aber zum Handeln nicht berufen fühlte, mithin von durchaus staatstragender Funktion war. Atypisch hingegen ist, dass sich sein Leben stets mitten im klaffenden Abgrund zwischen Anspruch und Wirklichkeit abspielte.

O-Ton 48:
Hans-Michel Becker

Also wie ist das Ganze unter einen Hut zu bringen?
Das Ganze ist nicht unter einen Hut zu bringen.
Nicht? Also es sei denn, man müsste ähnliche
Kunststücke machen wie er in seiner Literatur.

Mag sein, dass er sich mit unbeschreiblichen Zweifeln angesichts seiner exorbitanten Widersprüche rumgeschlagen hat, wovon ich mit dem ehrfürchtigen Blick des Enkels ausgehe. Mag sein, dass das bloß eine fromme Hoffnung ist. Jedenfalls hat er, wenn er welche hatte, seine Gewissensbisse mit Vorliebe säuberlich zwischen Buchdeckel gepackt. An einer Stelle in seinem Roman *Ein Weg* etwa versenkt sich sein Held unvermittelt in schonungsloser Selbstanklage: »*Du sagst*«, gemeint ist Gott, »*du sagst, ich hätte geredet vom Herzen, aber gemeint den Schoß. Ja, ich bekenne mich schuldig. Ja, ich bekenne meine gebogenen Wege. Nimm von mir den Betrug des Wortes. Erlöse mich vom Betrug der schönen Worte. Erbarme dich meiner und schenke mir den Segen einer schlichten Tat!*« So die weihevollen Worte dieses Stoßgebets.

Michel B. also wusste, was er tat. Und offensichtlich hat es ihn in lichten Momenten durchaus gequält, dass er mit seinem Leben der frommen Moral nicht hinterherkam, die er in seinen Büchern zusammenschrieb.

Vielleicht auch hängte er die Moral so hoch, um sie, Gewissensbisse hin, Gewissensbisse her, getrost hängen lassen zu können. Am hohen Himmel, am Hutständer oder – wie der Wolf, dem die zuckersüßen, aber unerreichbaren Trauben zu sauer sind – am Weinstock. Dann sind die höchsten Ideale grade hoch genug. Versteht sich von selbst: Es kann ihn nicht geben, den marianischen Menschen, den er beschwor in seinen Büchern und Textheftchen. Dessen war er sich selbstredend bewusst. Und doch hat er nicht davon gelassen, ihn zu proklamieren. Sämtliche Vorwürfe und Vorhaltungen konnten ihn kaum anfechten, denn immerhin tat er ja was für die hohe Moral. Er verbreitete sie in seinen Romanpredigten, womit er ihr denn den notwendigen Tribut gezollt hatte. Und damit musste's dann aber auch gut sein. Schließlich war er katholisch. Und kam aus dem Rheinland. Jede Form von Augenzwinkern war ihm also geläufig.

O-Ton 49:
Ursula Land, geb. Becker

Unbezahlte Rechnungen flogen ja sowieso hinter die Bücher. Erledigten sich von selbst. Oder auch nit.

Seine Methode, im Alltag mit seinen Ambivalenzen fertig zu werden, war seine in mehrere Richtungen ausgreifende Realitätsflucht. Mittels seiner verschrobenen Literatur vor allem. Frommromantische Zeilen schienen ihm zumindest vormittags offenbar geeignet, um sich mit ihrer Hilfe in etwas halbwegs Geordnetes zu verdrücken, wenn er sich selbst mal wieder nicht ganz geheuer war. In der Schreiberei war er sicher aufgehoben, hier konnte er keine Fehler machen, jedenfalls keine existenziellen. Außerdem bot ihm das Schreiben die berückende Möglichkeit, der politischen Gegenwart zu entfliehen, um deren Brisanz er, wie gesagt, genau wusste. Abends dagegen rettete er sich in mehr oder minder alkoholisierten Eskapismus.

O-Ton 50:
Ursula Land, geb. Becker

Die Wirtschaften rundherum hatte er durchjekloppt, und da war er wahrscheinlich auch verschuldet.

Er wurde, was er für sein Leben gern gewollt hätte, nicht berühmt. Er kam zu spät. Die Zeit hatte seine Ideen und seine Schreibe überlebt. Dabei war er ansonsten so pünktlich. Vor seiner literarischen Bedeutungslosigkeit flüchtete er sich ins Selbstbild des von keinem Geringeren als Gott auserlesenen Dichters und Rufers. Seine Gottgläubigkeit und seine so dezidierten wie antiquierten Moralvorstellungen halfen ihm, die Verwerfungen seiner bohemehaften Lebensführung und seine Ambivalenzen samt entsprechender Selbstvorwürfe zu bewältigen, den himmelweiten Abstand zwischen Dichtung und Wahrheit zu überbrücken. Während er in den Armen seiner Frau Zuflucht suchte vor den Irrungen und Wirrungen seiner »Frauengeschichten«. An Weihnachten beispielsweise. Da kehren bekanntlich noch die wildesten Abenteurer unter den mütterlichen Lichterbaum zurück. So riss auch er alle Jahre wieder die Augen auf und bestaunte die Kugeln, die den Kerzenglanz tausendfach wiedergaben. So viel Licht auf einmal!

Geografisch manifest schlagen sich seine Fluchtbewegungen in den zahllosen Umzügen nieder. Am markantesten dabei fraglos die Umsiedlung in die Eifel, womit er Reißaus vor den großstädtischen Realitätszwängen seines eigentlich so geliebten Köln nahm.

Eine Flucht dagegen hat er nie angetreten: die Flucht in die Nazi-Ideologie. Im Gegensatz zu vielen seiner Dichterkollegen, von Heinz Steguweit über Otto Brües bis Heinrich Zerkaulen und wie sie alle hießen, die ohne jeden Klimmzug im Bamberger Dichterkreis landeten, wo man bekanntermaßen linientreuschwülstige Blut- und Bodenpamphlete verzapfte und als hohe Literatur verkaufte. Eine Flucht, die für Michel B. doch so vieles einfacher gemacht hätte. Und auch dessen wird er sich sehr bewusst gewesen sein. Dass er an diesem einen Punkt, wenigstens an diesem Punkt nicht den Weg des kleinsten Widerstands wählte.

Da ziehe ich den Hut vor meinem Großvater.

39

Ja, sie mochte das. Sicher, eine eher gleichförmige Arbeit – bei den zehn, fünfzehn Gerichten, die ihre Kochkünste und das Schmalhans-Küchenbudget hergaben. Einförmig vielleicht, aber vollkommen klar und eindeutig. Eine Arbeit nach widerspruchslosen Regeln. Von simplem Zuschnitt und begrenztem Umfang. Hier musste sie sich nicht selbst demütigen, keine Bittstellerrolle bekleiden, auf niemanden aufpassen, musste nicht Verantwortung übernehmen für Dinge, für die sie nicht verantwortlich war. Hier war sie sie selbst. Das Kochen eines Vanillepuddings war eine Offenbarung. Die Offenbarung einer unstrittigen Erfüllung, die man zu guter Letzt schmeckt. Und die auch Michel und Ursel schmeckte. Umso ärgerlicher war sie, als sie plötzlich durch ein lautes Tür- und Flurgepolter aus ihrer selbstvergessenen Rührerei aufgeschreckt wurde. Wer nahm sich da das Recht hereinzustürmen, ohne wenigstens anzuklopfen?!

»Käthe! Kätheken!!«, rief mein Großvater und streifte sich, die Klinke noch in der Hand, die Schuhe von den Füßen, um sie kurzerhand in die Flurecke zu pfeffern.

»Ja«, brummte Käthe B., wischte sich die Hände an der Schürze ab und kam aus der Küche angestiefelt. »Gott noch mal, bin ja schon da.«

»Stell dir vor, diese braunen Drecksäue ...«

Das »Ja?« fragte sie noch, dann rannte sie spornstreichs zurück in die Küche, denn sie hatte die Katastrophe kommen gehört und gerochen, die sich jetzt auch ihren Blicken darbot: Aus dem Topf sprudelnde Milch, die sich schäumend auf dem ganzen Herd ausbreitete, wo sie sofort braun ansetzte und stinkende, unansehnliche Krusten hinterließ.

»... die wollen mich einziehen«, hörte sie ihren Mann draußen auf dem Flur rufen.

Eine Sensation allerdings, die nicht von schlechten Eltern war! Meine Großmutter verfiel – Puddingsauerei hin, Puddingsauerei her – in schallendes Gelächter. »Das ist ... das kann doch nicht ...«, stammelte sie in den Atempausen zwischen ihren Lachsalven.

Michel B. war inzwischen in die Küche nachgerückt. »Das ist knochentrockener Ernst«, sagte er. »Und zwar übermorgen.«

Ihr Lachen riss plötzlich ab und ließ nicht mal einen Nachhall durch die Küche wehen. »Du suchst bloß eine neue Ausrede, um dich wieder für ein paar Wochen aus dem Staub zu machen und wer weiß wo den Hallodri zu markieren. Mich kannst du nicht an der Nase rumführen.«

40

O-Ton 51:
Ursula Land, geb. Becker

Mit dem Militärischen hatte er es absolut nicht, aber der Hans-Michel war ja sehr bald Leutnant, und dann ist er mit stolzgeschwellter Brust mit dem über die Hohe Straße gegangen, um zu erleben, wie jeder Soldat, der vorbeikam, den Hans-Michel zackig grüßte. Aber er hat dann wiederum diesen Gruß wohl als Vater dieses Leutnants direkt auf sich gemünzt. Das war für ihn ein echtes Erlebnis. Aber Militär lehnte er ab. Also da mit der Knarre auf einen losgehen, nein nein, der hätte nicht auf einen Menschen zielen können, das kann ich mir wirklich nicht vorstellen. Also das war wohl wirklich seine Lebenshaltung. Auch weil er weich war.

O-Ton 52:
Hans-Michel Becker

Er kam nicht mehr zu der aktiven Truppe, sondern zu dem Reserve-Heer und hatte dann als Aufgabe die Bewachung eines Tunnels irgendwie in der Eifel. Musste also mit Gewehr über der Schulter da patrouillieren von einem Eingang des Tunnels durch den Tunnel durch, bis zum Ausgang. Und nachdem er das ein paarmal gemacht hat, kam er auf die glänzende Idee, sich die Sache etwas zu vereinfachen. Hat also das Gewehr an die Seite gestellt, war so schön zu Fuß langsam zum Ausgang marschiert und hatte allerdings dann das Pech, dass inzwischen der Bataillonskommandeur angekommen war. Und nun stand er da, musste melden, und sein Gewehr stand in der Ecke! Das muss selbst einen so strammen Reservekommandeur, nicht?, es hat den jedenfalls also wohl zum Lachen gebracht. Sicher einer der Gründe, weshalb mein Vater denn bald vom Militär entlassen wurde, denn das ist doch ein Risiko, das das Deutsche Reich nicht eingehen konnte. Man weiß nicht, wie man das beurteilen soll. Es war also vor allen Dingen erst mal Bequemlichkeit. Oder er hat sich durch den Auftrag als, sagen wir mal: nicht hoch genug eingeschätzt gefühlt und gesagt: »Das können die mit mir doch nicht machen! Ich soll hier da dieses verdammte Dingen da hin und her schleifen, das stellen wir in die Ecke, dann ersparen wir uns einige Mühe.«

O-TON 53:

Ursula Land, geb. Becker

Dass die den nicht an die Wand gestellt haben, das kannst du in der damaligen Zeit, da war ja schon Krieg, also absolut nicht begreifen. Jeder andere wär vors Kriegsgericht gekommen.

Natürlich kannte auch mein Onkel die Geschichte von dem, sagen wir: Wehrmachtsabenteuer meines Großvaters nur aus dessen Erzählungen. Wie viel Ausschmückung, wie viel Zuspitzung, wie viel dichterische Freiheit darin enthalten ist, entzieht sich der historischen Überlieferung. Ebenfalls ist die Geschichte selbst keineswegs gesichert, noch wenigstens wahrscheinlich. Wahrscheinlich vielmehr ist, dass die Nazis – nach einer angemessenen Straflektion –, wie angedroht, einen entsprechenden Schleifer abzustellen gewusst hätten, um Michel B., und hätte er sich noch so dämlich angestellt, die militärischen Flötentöne beizubringen. Aber weil sie so schön ist, lasse ich die Geschichte hier unangezweifelt stehen.

Trotz des munteren Duktus, mit dem mein Onkel und vermutlich auch mein Großvater selbst die Story zum Besten gaben, kam Michel B. verändert von seinem wohl nicht mal zwei Wochen währenden Ausflug ins Reich des Militärs zurück. Die Vermutung liegt nahe, dass es bei diesem Vorgang letztlich doch nicht ganz so heiter zuging.

Kann gut sein, dass mein Großvater sich beim verzweifelten Versuch, aus den Klauen des verhassten Militärs zu entkommen, bevor er am Ende noch an die Front geschickt worden wäre, dass er sich also an einen seiner alten Weggefährten wandte, von dem er wusste, dass er dank seiner Nazitreue über einigen Einfluss verfügte. Vielleicht also war es Otto Brües, der um die Schwächen meines Großvaters wusste und sich als Wehrmachtsoffizier für Michel B.'s Entlassung aus dem Kriegsdienst aussprach: »Der Mann kann nur Unheil anrichten«, ließ er womöglich an entscheidender Stelle verlauten, »das ist einer, der täppisch, wie er ist, den Endsieg vereitelt.«

Kann allerdings ebenfalls gut sein, dass es zusätzlich einen noch ernsteren Hintergrund zu dieser Anekdote vom vereinsamten Gewehr gab und die humoristische Fassung in Wahrheit dazu herhalten musste, ein Drama zu kaschieren. Wurde Michel B. Zeuge einer jener blindwütenden Aktionen, die der Wehrmacht zu trauriger Berühmtheit verhalfen? Was ihn für den weiteren Verbleib in der Truppe untragbar machte?

Dass jedenfalls Michel B. nicht der Einzige aus der Familie war, der ein, sagen wir: besonderes Verhältnis zum Militär hatte, belegt die immer wieder gern und munter von meiner Großmutter vorgetragene Geschichte von den im Engelgauer Häuschen einquartierten Soldaten. Waren's ein Unteroffizier und zwei Rekruten? Ich glaube. Auf jeden Fall ein mit Ranggefälle ausgestattetes Trio. Der Offizier: eine deutsche Eiche, »aber die Gutmütigkeit in Person«, wie meine Großmutter mit zierlichem Augenaufschlag und himmelwärts gerichteten Blicken hinzufügte. Mit anderen Worten: Der Mann wies nicht bei jeder, sondern nur bei jeder zweiten Gelegenheit auf den Sternenbesatz seiner Schulterklappen hin.

»Nun fing das schon an, dass nicht mehr genug zum Essen da war; alles war eingeteilt«, setzte meine Großmutter stets als Prolog vor die nun folgenden Ausführungen, und sofort stand ihr die Anstrengung jener Tage auf die Stirn geschrieben.

Die Soldaten jedenfalls waren von zupackender, hinlänglich an solchen Situationen geschulter Handlungsbereitschaft. Umgehend schickte der Leutnant oder Stabsfeldwebel, oder was er sein mochte, seine beiden »rechten Hände«, wie er sie nannte, los. Diese kamen sodann des Abends beuteschwer zurück, und meine Großmutter strich sich die Röcke glatt, setzte schwungvoll einen Topf Wasser auf und heizte der Backröhre ein. Die beiden Rekruten zogen der Beute das Fell über die langen Ohren, und der – wie gesagt: ich kann mir Ränge nicht merken – Major stand da und sah mitfühlend zu. Obwohl dazu in den winzigen Eifeldörfern keine Veranlassung bestand, verdunkelten sie an diesem Abend und fielen wie besessen über den Braten her.

Natürlich, genau in diesem Moment klopfte es herrisch an der Tür! Schnelle Blicke trafen sich überm Tisch, schnelle Stiefel schoben den Bräter inklusive des Resthasen unter die Kredenz. Und richtig. Noch-einzwei-Ränge-höher wollte sich vom Wohlergehen seiner Leute überzeugen. Die Herren am Tisch hatten kurzzeitig den Eindruck, als hätten seine Nasenflügel leicht gebebt. Oder war das nur Einbildung?

Jedenfalls setzte sich der Chefoffizier breitbeinig auf den Küchenstuhl, den einer der Rekruten dienstfertig freimachte. Man aß hartes Brot. Racker aber, der irgendwann angenommene ausgemusterte Jagdhund, dem meine Mutter als tierliebeifriges Mädchen das Fell stutzte und der guten Ordnung halber die Schnauzhaare gleich mit, sodass die arme Kreatur wochenlang orientierungslos durch die Gegend irrte, bis die Tasthaare nachgewachsen waren und ihren Dienst wieder ordnungsgemäß verrichten konnten, der Hund also mit dem raspelkurzen Haar, hechelte durch den Raum, nahm einen versteckten, aber nicht zu knappen Knuff seitens des rechten Käthe-Fußes ungerührt in Kauf, setzte seine Bemühungen fort und zerrte – zum Leidwesen aller Beteiligten endlich und mit speicheltriefenden Lefzen den Brattopf aus seinem Versteck. Als er schließlich mit ebenso geschickten wie energischen Pfoten auch noch den schweren Deckel herabbeförderte und der eingefangene Duft endgültig als verheißungsvolle Wolke entwich und auf den Tisch kroch, war das Malheur selbst durch die zur Schau gestellte Teilnahmslosigkeit nicht mehr zu kaschieren. Auch die durchaus zügige Antwort meiner Großmutter auf die Frage, die der Braten stellte, sie habe ein bisschen Hase für ihn, den Oberstmajor, zurückgehalten, damit die Herren mit gemeinen Dienstgraden nicht alles verputzten, was sie ihnen an Schätzen aus ihrer ärmlichen Speisekammer aufgetischt habe, und selbst die als Zugabe noch nachgeschobene Erläuterung, das Versteck unter der Kredenz, müsse er wissen, sei eine Art erzieherische Maßnahme wider die Gier der jungen Herrn Soldaten gewesen, konnten das Donnerwetter nicht abwenden. Der Generalfeldmarschall zog seine Leute augenblicks ab, meine Großmutter musste bedauerlicherweise die ungebetenen Gäste und die Entschädigungsgelder für die Einquartierung ziehen lassen, das nächste Sonntagsessen aber war gerettet.

Dass indes der Oberadmiral den Braten nicht bereits beim ersten Schritt über die Schwelle gerochen haben soll, kommt mir – mit dem Abstand des erwachsenen Enkels – mindestens spanisch vor. Aber auch diese Geschichte lasse ich ihrer Schönheit wegen so stehen.

41

Das beste Bild seiner selbst schrieb er selbst und schob es selbstredend jemand anderem in die Schuhe, dem Protagonisten in seinem *Weg*-Roman: *»Er las in einem Salon seine Gedichte vor. Aber mehr als seine Gedichte und die darauf getrunkenen Gläser, die recht zierlich gehoben wurden, freute ihn, wie zuweilen irgendeine der Damen mitleidig und entsetzt zugleich seine dicken grauwollenen Socken besah. Ich meine, dieser Dichter ist ein Kerl.«*

42

Die D-Zug-Lok fühlte sich scheint's an jeder Feld- und Waldwegkreuzung – und derer waren es unendlich viele – berufen, einen lang gezogenen Pfiff loszulassen, während sie unter Volldampf rackerte und ackerte, um den eisernen Lindwurm aus klappernden Waggons hinter sich her über die Eifelhöhen zu ziehen. Michel B. hatte mal wieder »saumäßiges Glück«, wie er befand. Denn er hatte ein leeres Abteil ausgemacht und genoss dort die morgendliche Zugfahrt. Nirgends konnte er so gut schreiben wie im Zug! Nirgends war die Abgeschiedenheit so perfekt. Nirgends konnte er die Gedanken so unwidersprochen aus dem Fenster hängen und vom Winde verwehen lassen.

Für gewöhnlich. Aber diesmal lag die Sache anders. Diesmal ging gar nichts. Die Gedanken drohten ihn gradewegs mit aus dem Fenster zu ziehen! Seit Stunden versuchte er ohne nennenswerten Erfolg, einen Vers zurechtzudrechseln. Er hatte das Gefühl, dass nicht nur die handwerkliche Kunstfertigkeit, seine eigentliche Geliebte immerhin, vor seinen Augen zerbröselte, sondern auch er selbst. Nicht nur, dass ihm partout kein vernünftiger Reim einfallen wollte, dass ihm alle Satzkonstruktionen gestelzt vorkamen, auch die stets erfolgsgekrönte Flucht in die selbstverliebte Eitelkeit wollte nicht gelingen. Nicht mal er selbst hielt sich noch für so was wie einen Dichter. Die Gedanken glitten ihm wie schwarze Girlanden aus den Fingern. Kein Anfang, kein Ende. Nichts, woran er sich festhalten, seine Worte auffädeln konnte. Verdammt, es war ein Grauen, ein völlig zerfahrenes Grauen!

Michel B. war derart mit sich selbst beschäftigt, dass ihm völlig entging, wie die Abteiltür leise aufgeschoben wurde und eine junge Frau eintrat. Erst als diese sich direkt neben ihn setzte, schreckte mein Großvater aus seiner zerfransenden, finstren Kontemplation. »Könnten Sie mir bitte nicht ganz so eng auf den Pelz rücken?!«, kauderte er, ohne aufzublicken. »Hier sind ja noch hundert andere Sitze frei, und ich habe zu arbeiten, wie Sie sehen.«

»Wissen Sie, wenn man aus der nebligen Kälte draußen kommt, hat man nur Augen für den nächstbesten freien Platz.«

»Du?«, stieß Michel B. hervor. »Verdammt noch mal, du hast wahrhaftig ein Talent, unerwartet aufzutauchen!«

Am entgleisten Gesicht meines Großvaters ließ sich unschwer ablesen, dass der Überraschungscoup ein voller Erfolg war und dass er Regine einen nicht zu verachtenden Vorteil eingebracht hatte: Der Überfallene ergab sich machtlos der Schockstarre. »War ja nicht von langer Dauer, dein Ausflug zur Wehrmacht«, grinste sie.

»Gott sei's getrommelt und gepfiffen. Das ist die reine Hölle, ich sag's dir«, flüsterte Michel B., obwohl doch niemand anderer im Abteil war.

»Ist mir auch nicht fern, die reine Hölle«, sagte Regine spitz, »und meinem Bruder erst. Den haben sie knochentrocken fertiggemacht!«

»Clemens?«

»Ich hab nur den einen. Und dein Gelalle in der Gaststube hat ihn direkt am nächsten Tag ans Messer geliefert.«

Auf die Kunst, in noch so brenzligen Situationen die butterweiche Unschuldsmiene aufzuziehen, konnte sich mein Großvater scheint's immer noch verlassen: »Was hab ich denn da, was soll ich denn da gesagt haben?«

»Genau. Was interessiert dich dein Geschwätz von gestern!«, konterte Regine kühl und rückte ihm noch näher, was sich zum Leidwesen meines Großvaters allerdings keineswegs als erotische Verlockung ausnahm. »Hab ich mir doch gedacht«, giftete Regine nun direkt in sein Gesicht, »und das ist auch gleichzeitig das Einzige, was ich dir zugutehalte, dass du nicht wirklich ein Judas bist, sondern einfach so dämlich, dass du nicht mal kapiert hast, was die Angeberei mit deinen wunderbaren Klosterkontakten so alles auslösen kann!« In diesem Moment jedoch brachen sämtliche Dämme, und wahre Sturzbäche schossen Regine übers Gesicht. »Ich weiß nicht mal, wo er jetzt ist«, schluchzte sie und war kurz davor, sich zu vergessen und doch den Kopf an die Schulter meines Großvaters zu lehnen. »In welchem Zuchthaus, auf welchem Gefangenentransport nach wo. Nach irgendwo. Ich weiß nur, dass sie ihn jetzt schon seit Monaten, seit Ostern genau gesagt, du wirst dich vielleicht dunkel erinnern, in ihrer Gewalt haben.

Nach dem, was ja wohl du beim Verhör rausgelassen hast, beim Verhör mit diesem, wie hieß der noch ...?«

»Ich weiß nicht, von wem du sprichst«, rätselte die wacker aufrechterhaltene Unschuldsmiene. Irgendwie merkwürdig, er fühlte sich immer stärker werden. War kurz davor, alles zu vergessen, was hinter ihm lag. Schon fast wieder ganz der Alte.

»Was du dem Zingsheimer Ortsgruppenheini so alles verkündet hast – da hatte dann auch der Anwalt, den die vom Kloster rangeholt haben, keine Chance mehr. Nicht die geringste. Er sagt, das wird Plötzensee – weißt du, was das heißt?«

»Ja.« Unklar, ob mein Großvater in diesem Moment so etwas wie ein Einsehen hatte oder ob in ihm bloß die leise Hoffnung keimte, die Gelegenheit womöglich für einen kleinen Abstecher in ihre fleischig weißen Leibesnischen nutzen zu können. Jedenfalls umarmte er Regine plötzlich, bedeckte ihr weiches Gesicht mit Küssen und kostete von ihrem Tränensalz.

Regine ließ es willenlos, wenn auch unberührt und ungerührt geschehen. »Nur eine Frage von Tagen, hat der Anwalt uns gestern gesagt, vielleicht von Wochen, bis wir erfahren, dass das Todesurteil vollstreckt worden ist. Und ich darf mir nichts anmerken lassen, sozusagen, darf mich nicht völlig erschüttern lassen. Wegen unserm süßen Leibesfrüchtchen hier. Nicht, dass es bei seinen letzten Stunden im wohlig warmen Bauch mitkriegt, dass die Welt drumrum zusammenklappt. Und dass sein verlogener Vater, der feige Köter, dem nicht nur nichts entgegenzusetzen hat, sondern bei der gequirlten Scheiße auch noch mitmischt!« Ihre rasselnde

Stimme verriet, dass ihr solche Ausfälle alles andere als locker über die Lippen kamen und dieser würgenden Emulsion aus Zorn und Trauer geschuldet waren, die sich ihrer jetzt vollends bemächtigt hatte.

»Regine, ist doch überhaupt nicht raus«, stammelte Michel B., »ist doch überhaupt nicht raus, dass ich der …«

»Siehste, genau das. Das mein' ich«, schrillte Regine. Ihre Stimme hatte augenblicks jedes Rasseln verloren.

Mein Großvater empfahl ihr von jeder Kenntnis medizinischer Möglichkeiten und Grenzen gänzlich ungetrübt, dafür aber dekoriert mit wortreichen Höflichkeitsgirlanden, den Gang zur Engelmacherin. Irgendein entsprechendes Kräuterweiblein für fortgeschrittene Fälle werde es in Maria Laach schon geben. Und Gottvater werde ihr die Sünde über kurz oder lang verzeihen, wenn sie sich anderweitig nichts zuschulden kommen lasse.

Regine hatte mit viel gerechnet, aber das …! Trotzdem fing sie sich ziemlich schnell. Sie holte tief Luft und fauchte: »Du kannst dir sicher sein, Michel, ich werd' dich verfolgen wie die Schleimspur die Schnecke. Wo immer du dich hin verpisst, ich treibe dich auf und bin zur Stelle. Mit unserm Kind an der Hand.«

Michel B. sah aus dem Fenster. Die vorbeieilenden Telegrafenmasten – immer wieder wunderte er sich, dass die sich nicht bei der Hand nahmen, aus der Reihe tanzten und laut hinausschrien, was sie an frohen, an grauenhaften, an seltsamen Botschaften durch die Gegend zu sirren hatten. Her und hin und hin und her. Von jedem ernst, bierernst und für bare Münze genommen. »Das ist doch alles Unsinn«, murmelte er.

»Mag sein, aber ich werde«, Regine redete sich in Rage, »werd' dir wie 'ne Klette zwischen dem Achselhaar sitzen, bis du, ja, bis du …«

»Danke, zu viel der Ehre«, ging mein Großvater dazwischen, »mir reicht eine *Kette*.«

Das nun wiederum machte Regine neugierig. »Was für 'ne Kette hast du denn schon um den Hals?«

»Meine Frau heißt Käthe. Und dies klirrende Ungetüm abzuschütteln, wird nicht ganz leicht. Aber für dich …«

»Wie viele Mäuschen hast du schon mit diesem Versprechen bei Laune gehalten?«, erwiderte, ohne freilich eine Antwort zu erwarten, Regine und feuerte säurespritzende Blicke ab.

»Regine, mit uns, das war nicht alles nur so 'n Spiel für mich. Ist mir schon ernst. Ernster, als ich am Anfang wahrhaben wollte.« Eine zweite Kunst, die mein Großvater nach allgemeinem Bekunden virtuos beherrschte, war die, den leicht verschüchterten Jungen zu geben. Und dabei Sätze fallen zu lassen, die Frauen, besonders jungen Frauen, gefielen. Ohne die Kunstfertigkeit des Honigseim-um-schüttere-Bärte-Schmierens hätte er es auch in seinen beruflichen Umtrieben aller Wahrscheinlichkeit nach nicht weit gebracht, zumindest in seinen letzten zehn Jahren nicht. »Du bist zwischen jeder Zeile aufgetaucht, die ich zu Papier gebracht hab«, murmelte er, »bist mir immer und immer durch den Kopf gegangen.«

»Oder bloß durch den da«, und sie zeigte frech auf sein in der abgetragenen Anzughose verborgenes Liebstöckel, »bin dir höchstens durch den Stängel gegangen, gib's zu.«

»Durch den auch«, schlagfertigte Michel B. diese Attacke ab. »Aber eben nicht nur durch den.«

»Das hast du aber bis jetzt perfekt zu vertuschen gewusst.«

»Zwei Seelen, ach, in meiner Brust«, Michel B. zuckte kurz mit den Achseln und sparte sich weitere Erklärungen. Erneut kam er Regines Gesicht so nahe, dass ihr sein alkoholbeißender Atem entgegenschlug. »Süße, pass auf«, flötete er, »ich mach dir ein Angebot!«

»Angebot?«, Regine drehte sich angewidert weg. »Wir sind hier nicht auf'm Viehmarkt in Hillesheim, um irgendeinen Kuhhandel zu verhackstücken.«

Als mein Großvater nebenbei schon mal seine Finger unter ihrem Mieder in Stellung zu bringen versuchte, riss sie sich los, war mit einem Satz aus dem Abteil, um draußen auf dem Gang die letzten paar Minuten bis zur nächsten Station abzuwarten, wo sie den Zug verließ und sich zu Fuß auf den Weg machte. Er stolperte ebenfalls auf den Bahnsteig. Seine Papiere notdürftig zusammengeschoben in der einen Hand, in der andern den Koffer mit schief draufgeknalltem Deckel, Mantel und Schal fahrig über'n Arm geworfen, den Hut im Zug vergessen. In diesem Aufzug hechelte er hinter Regine her. Ein paar Schritte. Bevor er stehen blieb und sich von der eben anfahrenden Lok in anthrazitgraue Wolken hüllen ließ. Als der Zug in der Kurve Richtung Norden verraucht war, lehnte sich der Mann des Wortes an den nächstbesten Signalpfeiler und schwieg.

Es dauerte allerdings nicht lange, bis der altbewährte Eigendünkel durch die Halsschlagadern wieder hochpulsierte und er sich in der Gewissheit suhlte, alles unternommen zu haben, was menschenmöglich war. Und ansonsten, sagte er sich, ansonsten werde er dem Lauf der Dinge begegnen, indem er bei seiner Käthe die bewährten Mittel in Anschlag bringen würde.

Als er das letzte Stück Wegs anging, sah er schon aus einiger Entfernung, dass irgendjemand im Vorgarten stand. Stocksteif und starr wie ein Ölgötze. Je näher er seiner ›Michelsklause‹ kam, desto mehr wuchs die Überzeugung, dass niemand anderer die Vorgartenstatue abgab als … Michel B. wollte stehenden Fußes kehrtmachen, musste jedoch begreifen, dass er gesehen worden war. Steguweits Blick hatte sich in seine Stirn geschraubt. Tatsächlich: wieder Heinz Steguweit!

Stand da, wie aus dem Erdboden geschossen. Und wartete. Und mit ihm wartete diese alte Geschichte. Die Passionsgeschichte des Lindenthaler Taubenfederchens und seines letzten Bepusters. Jene unselige Geschichte, die meinen Großvater dreißig Jahre lang nicht losgelassen hat und ihn in jeder seiner schlaflosen Nächte heimsuchte, da bin ich mir absolut sicher. Zumal es nach dem Nazi-Andienen von Brües und Steguweit niemanden mehr gab, mit dem er hätte darüber sprechen und seiner Seele Erleichterung verschaffen können.

Und jetzt also, wo Michel B. doch dieses verhexte Regine-Debakel noch tropfnass in den Kleidern hing und wo keineswegs sicher war, dass es bereits ausgestanden war, jetzt, wo er zurückkehrte von einem seiner Kreuz-Kriech-Züge zur Mainzer Caritas zwecks Zwischenfinanzierung der Familie, jetzt versperrte ihm plötzlich dieser nazi-schleimige Steguweit den Weg zu den rettenden Gestaden des Busens seiner Käthe.

Steguweit griff ihm mit beiden Händen an die Schultern, drehte ihn energisch um hundertachtzig Grad und schob ihn zielsicher zu Bresgens Schankwirtschaft.

»Was ich dir dringend erzählen muss«, schallte es übers Bierglas hinweg meinem Großvater entgegen, »ich bin durch unsere letzte Begegnung auf die Idee für einen unglaublichen, einen fantastischen Coup gekommen. Und ich sag dir, das würdest du auch hinkriegen, wenn …«

»… wenn ich den Glauben an den einen Gott versetzen würde und ersetzen durch den Glauben an den einen Führer. Mag sein«, konterte Michel B., kleinlauter allerdings, als er wollte.

»Mag nicht nur sein, ist so«, schob Steguweit nach, »vergiss das katholische Gesülze. Glaube ist Glaube, mein Gott, egal an wen. Becker, ich weiß gar nicht, was du dich so bockbeinig zierst.« Steguweit hob sein Glas und klimperte damit noch einmal gegen das meines Großvaters, das da leer und in Erwartung seiner Neubefüllung mit einem Bein auf der Theke stand. Dann fuhr Steguweit zum dritten Mal die Zunge aus, um auch die allerletzte Pfütze aus seinem Glas zu schlecken.

»Du wolltest mir deinen ›unglaublichen, deinen fantastischen Coup‹ verraten.« Michel B. war es um nichts andres zu tun, als unter Beweis zu stellen, wie sehr ihn die Plauderei mit seinem ehemaligen Mitstreiter langweilte. Nein, ankotzte! Heinz Steguweit war in seinen Augen das Paradebeispiel eines weich gewordenen Mitmachers. Ohne Rückgrat. Nichts als ein Schleimscheißer – der Herr im Himmel mochte die vulgäre

Wortwahl seiner Gedanken ausnahmsweise verzeihen –, der von einem Freund in den ersten Jahren der Windungen und Findungen als Dichterlehrling zu einem seiner übelsten Widersacher avanciert war. Als Leiter der Reichsschrifttumskammer fürs Gau Köln-Aachen hatte Heinz Steguweit zwar Michel B.'s Aufnahmeantrag womöglich nicht ausdrücklich widersprochen, ihn aber auf alle Fälle nicht zur Annahme empfohlen. Was einer Ablehnung gleichkam. Womöglich – so genau war mein Großvater in die behördlichen Vorgänge nicht eingeweiht – womöglich hatte Steguweit seinen Antrag auch auf der Gauebene bereits aussortiert und gar nicht erst zur Berliner Zentrale rübergereicht. Jedenfalls bedeutete das in der Konsequenz, dass Michel Becker als Nicht-Mitglied der Kammer auf dem Gebiet des ›Schrifttums‹ recht eigentlich keinen Beruf ausüben konnte. Auch wenn bislang noch kein offizieller Vertreter der Behörde bei ihm aufgekreuzt war, um ein Veröffentlichungs- geschweige denn ein Schreibverbot zu exekutieren. Noch übler aber nahm mein Großvater seinem alten Freund und Kollegen, dass er nun auch noch versuchte, ihn zu missionieren. Der Bursche war einfach nur noch abstoßend.

»Auch für dich wäre der Erfolg mit Händen zu greifen, wenn du bloß … Also pass auf!« Steguweit hatte die Gläser noch mal auffüllen lassen, seins jedoch mit einem Zug gleich bis zur Hälfte geleert und wischte sich nun den Schaum von der Oberlippe. »Ich hab ein neues Romanskript in der Mache – und der Entwurf ist vom Verlag auch schon angenommen! Und weißt du, wovon das handelt?«

»Du wirst es mir gleich verraten«, kam es missmutig zurück.

»Vom Österreicher«, lenkte Steguweit das Gespräch auf jenen Anblick am Fuß der Kölner Laterne, die ihre Jugendsünde seinerzeit beleuchtet hatte.

Mein Großvater erstarrte.

»Ich will, ich werde die Scheiße abschütteln, endlich und endgültig«, setzte Steguweit noch mal an und drückte nervös auf der rechten Augenbraue herum, die sich um keinen Preis beruhigen wollte und eben jenes Gezappel veranstaltete, das in prekären Situationen zu seinem ständigen Wegbegleiter geworden war, seit er die offen herunterhängende Innenseite des Augenlids beim Österreicher gesehen hatte. »Niederschreiben«, schob er kleinlaut nach, »niederschreiben, um das dauernde Gezeter von dieser verdammten Erinnerung loszuwerden.«

»Du willst das Ende vom Österreicher literarisch verwursten?!« Michel B. riss die Augen immer weiter auf.

»Ich werd' natürlich einen Franzmann draus machen.«

»Einen jüdischen, versteht sich.«

»So 'n richtigen jüdischen Tränensack.«

»Aha. Kein Augenlid – einen Tränensack.«

»Geht bis jetzt wahrhaftig leicht von der Hand. Und seitdem fühl ich mich weit besser. – Dir schleicht dieses zerrissene Gesicht doch garantiert auch jede zweite Nacht über die Bettdecke. Ich sag dir, seit das Skript auf meinem Schreibtisch wächst und gedeiht, nein, seit die Tinte in der Entwurfkladde trocken ist, hat mich dieser Nachtmahr kein einziges Mal mehr heimgesucht.«

Michel B. hielt es nicht mehr auf seinem Thekenschemel. Er baute sich im Rücken Steguweits auf, um ihm beschwörend ins Ohr zu tuscheln, dass er den in Aussicht stehenden, bahnbrechenden Erfolg dieses Romans sicherlich auch aus der Tatsache ableite, dass der Lektor nicht ein Härchen in der Suppe finden werde. »Richtig?«

Steguweit nickte irgendwie erleichtert, geradezu begeistert. »Aber auch nicht ein einziges!«

Na ja nun, er habe ja auch instinktsicher und bravourös den richtigen Sündenbock gewählt, tätschelte Michel B. ihm auf die Schulter.

»Und der Österreicher, Michel, der Österreicher ist quasi im gleichen Atemzug wiederauferstanden.« Steguweit kippte den Rest seines Biers runter: prickelndes Oberwasser das!

43

In den letzten Tagen ihrer Schwangerschaft tauchte Regine noch einmal in Engelgau auf. Als die Tür aufging, starrte sie meine Großmutter mit weit aufgerissenen Augen an, ohne auch nur ein Wort über die Lippen zu bringen. Ihr praller Leib aber machte offenbar nicht den leisesten Eindruck auf die Frau des Hauses, die ihr die Tür vor der Nase zuschlug. Regine rannte ums Haus rum, drang durch die offen stehende Hintertür ein und schlüpfte in die Küche. Meine Großmutter jedoch wartete nicht lange, was sie nun noch vorzubringen habe, sondern verließ das Haus. Mit Regine im Schlepptau, die sich um alles in der Welt nicht abschütteln lassen wollte.

Auf der Dorfstraße wurde soeben eine Herde brüllender und munter Fladen verteilender Kühe vorwärts getrieben. Ein paar überaus warme Dezembertage hatten den, wie alle im Dorf wussten, immer um ausreichende Futtervorräte verlegenen Bauern Hustert dazu veranlasst, sein Milchvieh doch noch mal auf die Weide zu stellen. Und eben das schaukelte jetzt die prallen Euter nach Hause. Verfolgt von einem Zeter und Mordio hupenden Automobil, das auf Biegen und Brechen an der langsamen Prozession nicht vorbeikam, wollte es nicht Gefahr laufen, von auskeilenden Rinderklauen zu Klump getreten zu werden. Dahinter watschelte eine Horde Dorfweiber, die dem Hupkonzert grell lachend beiwohnten. Bevor sie sich ganz allmählich wieder ihrem weltbewegenden Tratsch zuwandten, der dann aber jäh verstummte, als sich Käthe Becker und ein blutjunges, aber hochschwangeres Weibsbild einreihten und ebenfalls hinter der Kuhherde hertrotteten.

»Jetzt können's aber wirklich nur noch ein paar Tage sein«, eröffnete meine Großmutter schließlich doch noch das Gespräch.

Worauf Regine dankbar einging. »Schon paar Tage übertragen, meint der Doktor. Will wohl nicht raus in diese Welt. Aber ist mir im Grunde auch nicht unrecht, muss vorher unbedingt noch eine Sache erledigen, die mir Ihr Mann aufgetragen hat.«

»Mein Mann?«

»Der Vater dieses süßen Geschöpfs hier drin.« Regines spitzer Zeigefinger wies auf die ausladende Kugel unter ihrem Herzen.

Obwohl Käthe B. natürlich längst begriffen hatte, welche Schlinge sich hier langsam, aber unweigerlich zuzog, zischte sie: »Der was?« Damit also war besiegelt, was sie die ganze Zeit geahnt, aber nicht zu denken gewagt hatte.

Und Regine genoss wenigstens die kleine Genugtuung, dass die in der Gewissheit ihrer Überlegenheit knallhart vor den Kopf gestoßene Nebenbuhlerin nicht in der Lage war zu verbergen, wie düpiert sie sich fühlte. »Ihr Mann«, holte Regine gnadenlos ein weiteres Mal aus, »Ihr Mann hat mir ein mieses, ein hundsgemeines ›Angebot‹ gemacht: Wenn's mir gelingt, hat er gesagt, Sie dazu zu bewegen, ihn freizugeben …«

Das schlug dem Fass nun endgültig den Boden aus. »*Was* soll ich tun?!«

In diesem Augenblick scherten drei Kühe aus, blieben abrupt stehen und machten sich an den paar braunen Grasbüscheln zu schaffen, die sich zwischen den Wurzeln der Dorflinde emporgereckt hatten und die der nasse Herbstschnee ungeschoren hatte überdauern lassen. Husterts Kuhjunge hatte seine liebe Müh, die Viecher wieder in die Spur zu bringen. Unter derbem Stockeinsatz bequemten sie sich schließlich und endlich, die Reise fortzusetzen und hinter ihren Artgenossen herzuwanken.

»Wenn ich's hinkriege, Sie zu seiner Freigabe zu bringen, dann wird er die, hat er gesagt, ›sowieso zerrüttete Ehe‹ aufgeben, sich zu seiner Vaterschaft bekennen und mit dem Kindchen und mir zusammenleben.«

Plötzlich war meine Großmutter wieder die Ruhe selbst. »Sie werden's nicht glauben«, sagte sie kühl, »aber das hat er mir auch versprochen. Seinerzeit.«

Aber Regine hatte nicht Augen noch Ohren für sie. »Was hab ich mir die letzten Tage das Hirn zermartert, wie ich Sie dazu kriege, ihn loszulassen! Bis ich schließlich auf die Idee gekommen bin: Ich versuch's mit der Wahrheit.«

»Mit der Wahrheit nicht und nicht mit einer Lüge«, quittierte Käthe B. kantig.

Aber Regine war nach wie vor fest entschlossen, es mit Argumenten zu versuchen: »Er liebt Sie nicht.«

Natürlich wusste meine Großmutter, sich mit Gegenargumenten zu bewaffnen. »Sie liebt er auch nicht. Und das Früchtchen da auch nicht. Er liebt nur sich selbst. Im Übrigen, du lieber Himmel, was ist schon Liebe!«

»Sie lieben ihn also nicht.«

»Nicht weniger als Sie ihn lieben. Oder zu lieben meinen«, ging es weiter hin und her. Meine Großmutter jedoch wähnte sich am entschieden längeren Hebel. »Jedenfalls geb ich ihn nicht ab, da können Sie sich auf den Kopf stellen. Und er sich auch.«

»Aber er geht Ihnen fremd«, insistierte Regine, »das hier drin ist der lebende Beweis.«

»Kindchen, da brauche ich keine Beweise.«

Was einer der vorderen Kühe, womöglich der Leitkuh, ein spratzendes, dunkelgrünes Gepläster wert war. Das brachte ihre Gespielinnen freilich nicht aus der Fassung, bewog sie aber dazu, eine kurze Besinnungspause einzulegen. Lange genug indes, um den Rest der Herde auflaufen zu lassen und den ganzen Betrieb einschließlich der angeschlossenen Dorfweiber ins Stocken zu bringen.

O-Ton 54:
Elfriede Kern

Die größten Sorgen waren dann immer die Schwangerschaftsgeschichten; die Frau Becker hat mir ja erzählt, wie oft sie sich da – dann wor wieder wat, sah et wieder aus, als wenn sie schwanger jewesen wär – un wie die Frauen sich dann selbst helfen, ich weiß nit, ob ich Ihnen dat so erzählen darf oder ob dat auf mich en schlecht Licht wirft. Nit? Da hat sie so lange rumgespritzt mit ihrer Frauendusche, bis sie dat wieder auf hatte. Un so wat alles Mögliches. Also die Frau hatte 'n hartes Leben an der Seite dieses Mannes. Konnte ja keine Kinder jebrauchen, wer sollte sie denn ernähren! Un wenn er nu so relijiös jewesen wär, hätt er dat doch all nit jedurft. Der kann doch nicht dahingehen, lustig drauf los – un überlässt dat der Frau un alles Mögliche! Ne Frau, die für ihn das Letzte tut! Der kann doch überhaupt keinen Charakter jehabt haben.

Während die Kühe damit beschäftigt waren, wieder in Gang zu kommen, hatte sich Käthe B. eine neue Strategie und ein paar entsprechend ansprechende Worte zurechtgelegt. »Ich sag Ihnen mal«, sagte sie, »wo der Hase langläuft: Also ich war frisch verknallt – wie jetzt vielleicht Sie –, hab mich von ihm umgarnen lassen. Romantisch-fromme Worthäkeldeckchen.«

»Kommt mir bekannt vor.« Regine dachte nach.

»Sicher, Kindchen, eine andre Masche kann der nicht«, nickte meine Großmutter. »Ich war jedenfalls ganz hin und ganz weg. Und der hat keinen Zweifel daran gelassen, dass es ihm genauso ging. Also bin ich auf rosaroten Paradieswölkchen durch die Tage gesegelt. Und dann, wissen Sie, was er sechs, sieben Wochen später zu mir sagt?«

»Dass Sie die sind, mit der er leben will, einen Stall Kinder kriegen will, Pferde stehlen, alt werden will.«

»Und dass er aber trotzdem, das weiß er, sagt er, dafür würde er sich gut genug kennen, dass er aber trotzdem …«

Wieder war eine der Kühe stehn geblieben. Jetzt ging es offenbar um einen gemein piesackenden Juckreiz auf dem Rücken. Zunächst versuchte die geplagte Kreatur durch eine geschickte Kopfdrehung mit der schräg gestellten Hornspitze dem quälenden Fleckchen Haut auf dem Zenit ihres knochigen Rückens zu Leibe zu rücken. Dieses Unterfangen jedoch schien nicht von Erfolg gekrönt zu sein. Jedenfalls gab sie die anstrengende Position von Schädel und Gehörn wieder auf. Sie fuhr sich mit der Zunge übers Maul, schürfte in den Nasenlöchern mit der Zungenspitze Gold, einmal rechts, einmal links, und brachte sodann ihren schweren Kopf links auf halbe Höhe, um ihn im nächsten Atemzug mit rasantem Schwung runter- und rechts wieder hinaufsausen zu lassen. Einen präzisen Halbkreis nachfahrend, schmiss sie den schweren Schädel in die Höhe, nicht ohne genau im richtigen Moment die Zunge so weit als irgend möglich auszufahren, sodass diese, von der Fliehkraft mitgerissen, noch länger wurde, als sie ohnedies war, und speichelschlabbernd auf den Rücken klatschte. Eine Prozedur, die die Kuh dreimal wiederholte. Da sie scheints immer noch nicht die richtige Stelle getroffen hatte, das Jucken also nicht hatte befriedet werden können, wurde es ihr zu bunt. Mitten auf der Hauptstraße des Dorfes buckelte sie ihren linkischen Leib abwärts und legte sich hin. Um sich im gleichen Atemzug mit in die Luft zappelnden Beinen zu wenden und zu drehen und ihren Rücken in der Spinatpfütze zu suhlen, die ihre Kollegin soeben abgeseilt hatte. Der Kuhjunge drosch auf sie ein, bis sie sich langsam wieder in die Höhe hievte und hinter ihren Kolleginnen hertrabte, die selbstredend keinen Anlass gesehen hatten, ihren gemächlichen Trott zu unterbrechen.

Währenddessen gab meine Großmutter Regine mit großer Gelassenheit zu verstehen, dass sie seinerzeit mit Michel B. eine Art Gentlemen's Agreement getroffen habe. Noch in den aufgewühlten Kissen der Zeit vor der Heirat habe er mittendrin also das eben schon angerissene Bekenntnis angestimmt. Sie habe sich überhaupt nicht drauf konzentrieren können, weil sie noch, na ja, sie wisse schon. Jedenfalls habe sein Gequassel ganz harmlos angefangen: ein irgendwie vom erotischen Eifer beseeltes Plappern. Aber das werde sie von ihm ja auch kennen, dass er danach immer drauflos schwatze wie ein Bilderbuch. »Ich weiß nicht, ob du das verstehst, aber ohne dir das gesagt zu haben«, habe er mit feierlichem Tonfall und niedergeschlagener Miene verkündet, »werd ich nicht leben können.«

»Oh, so pathetisch«, habe sie gelacht.

Doch er habe hochamtfeierlich weitersalbadert: »Jedenfalls nicht mit dir zusammen. Ohne's dir unmissverständlich gesagt zu haben, werd ich nicht mit dir leben können. Würd eh nicht lange gut gehn, würde schneller rauskommen, als mir lieb ist, weil: Ich kann nämlich nicht lügen.«

»Dann doch lieber gleich«, habe sie gelacht. Noch gelacht.

Meine Großmutter redete sich in Fahrt, fing an, Regine Dinge zu erzählen, die sie bislang immer unter Verschluss gehalten hatte. Sie war selbst vollkommen überrascht von ihrer ungezügelten Zunge. Verstand nicht im Entferntesten, wieso sie der jungen Frau gegenüber auspackte. Schließlich kannte sie sie überhaupt nicht. Abgesehn von den paar Gesprächen während der zwei, drei Tage, wo sie sich in der Michelsklause einquartiert hatte, um angeblich irgendwelche unumgänglichen Behördengänge zu absolvieren. Das Einzige, was Käthe B. mit dieser Person wirklich verband, war die Tatsache, dass Michel sich offenbar in ihrer beider Schoß verlustiert hatte. Und doch hörte sie sich erzählen, wie ihr Mann ihr vor diesen fast fünfzehn Jahren kundtat, er wolle also von vornherein mit offenem Visier antreten. Nicht dass es nachher wieder so 'n Heckmeck gebe. »Was heißt denn hier ›wieder‹«, habe sie versucht dazwischenzukommen. Er aber habe, ohne Luft zu holen, weiter geredet, dass, ganz klipp und ganz klar, dass es ihm hier um was gehe. Hier, was er hier in seinem Herzen fühle, das sei Liebe!

Jetzt sei meine Großmutter denn doch so ganz allmählich ungeduldig geworden und habe ein »Nun man raus mit der Sprache!« abgesetzt.

»Trotzdem, trotz der Liebe, die ich zum ersten Mal in meinem Leben so tief empfinde«, habe ihr Michel also das Knallbonbon endlich platzen lassen, »trotzdem werde ich dir fremdgehn. So viel ist sicher. Früher oder später. Ich schaff's einfach nicht, die Finger von den Weibern zu lassen.«

»Na, reizend«, habe sie gemurmelt.

»Scheiße«, entfuhr es Regine wie eben der Leitkuh mit den dunkelgrünen Beinen.

»Können Sie laut sagen.«

Es hatte zu regnen begonnen, und die frischen Flatschen lösten sich in Soße auf, die nun in grün schillernden Pfützen die Dorfstraße dekorierte. Die Verursacher indes waren ihrer Wege gezogen, standen vermutlich längst dampfend im Stall und warteten auf die Melkmagd. Käthe B. marschierte schnell in Feders Gemischtwarenhandlung, um das bestellte Schreibmaschinenpapier abzuholen und unter ihrem Mantel zu verstauen. Worauf sie mit der jungen Frau – jetzt allerdings schweigend – den Rückzug antrat. Zu Hause angekommen, bot sie Regine einen Platz an. Diese ließ ihren regentriefenden Mantel an und setzte sich auf den zugewiesenen Küchenstuhl.

Sie sei, nahm meine Großmutter den Faden wieder auf, sei immer noch bemüht gewesen, die Situation zu retten, gute Miene zum bösen Spiel zu machen und es mit leicht sarkastisch angehauchtem Humor zu versuchen. Auf ihre mit jetzt allerdings schon ziemlich gequältem Lachen vorgetragene Frage, wie viele er denn so verschleiße, habe er mit versteinerter Miene geantwortet. »Mein Gott, das ist nicht zum Lachen. Überhaupt nicht. Das ist eine Besessenheit, ein echtes Leiden. Ich komme nicht aus nur mit einer. Beim besten Willen nicht. Bevor ich dich kennengelernt hab, hatte ich hinreichend Gelegenheit, das auszuprobieren. Bei meinen sämtlichen Bekanntschaften und, wie du ja weißt, auch in meiner Ehe. Ich bin nie zurechtgekommen mit der Ausschließlichkeit.«

Spätestens jetzt habe sie begriffen, dass das Ganze wahrhaftig kein missratener Spaß gewesen sei, kein lustiges Verletzungsspiel und auch kein einfach nur mal so

Um-sich-Prügeln. Aber sie habe auf keinen Fall kampflos klein beigeben wollen. »Du willst also, dass ich dir schon mal einen Persilschein ausstelle für den ersten Seitensprung?«, habe sie jetzt ebenfalls ohne ein noch so winziges Augenzwinkern gefragt.

»Nein.« Die prompte Antwort meines Großvaters.

»Na also, dann lass uns aufhören mit diesem blöden Gerede. Das tut uns nicht gut.« Sie sei sich gradezu pädagogisch vorgekommen. Habe das Gefühl gehabt, irgendwie neben sich zu stehen. Oder hätte gern das Gefühl gehabt, denn zu dem Zeitpunkt habe sie längst gewusst: Sie stand mittendrin!

»Nicht für den ersten Seitensprung«, habe er entgegnet, »nicht für einen, sondern für alle weiteren.«

Da allerdings sei sie ganz unpädagogisch aus der Haut gefahren, habe gezischt, er habe wohl nicht alle Tassen im Schrank! Erst mache er ihr nach Art eines gewandten Galans den Hof, werfe mit den charmantesten Schmeicheleien nur so um sich, und kaum habe sie, wie er sehr genau wisse, Feuer gefangen, da fahre er prompt solche Geschütze auf!

»Tut mir unendlich leid, Käthe«, habe er mit Samtpfotenstimme gesagt, die trotz allem aber wahrhaftig authentisch wirkte, »ich würde für mein Leben gern eine ernsthafte gute Liebe vor Gott mit dir leben. Aber ...«

Und irgendwie, sie habe auch nicht gewusst, wie ihr geschehen sei, irgendwie habe sie – grade noch schäumend, und zwar völlig zu Recht – habe sie plötzlich angefangen, ihm zu glauben. Ihn zu verstehn. So irrsinnig sich das anhöre.

»Ich werde es nicht schaffen ohne Seitensprung. Nie und nimmer«, habe er noch mal in die klaffende Kerbe gehauen. »Die Freiheit musst du mir lassen. Das musst du akzeptieren. Sonst kann aus unserer wunderschönen Liebe nichts werden. Solltest du aber nicht akzeptieren können, dass ich eben Liebesnomade bin, dann lass uns lieber von vornherein die Chose abblasen.«

»Die Chose?«

»Käthe, meine Seitensprünge, egal wo, egal wann und mit welcher, die haben mit dir, mit uns nichts zu tun. In keinem einzigen Fall. Da musst du mir vertrauen.«

Vertrauen! – Es sei immer schöner geworden! Wenn sie sich denn doch einen Augenblick hätte neben sich stellen können, sie hätte die Hände überm Kopf zusammenschlagen müssen. Und hätte im nächsten Moment die Beine unter die Arme nehmen und rennen müssen, was das Zeug hält! Aber dafür sei es längst zu spät gewesen. Kein Entrinnen mehr.

Während ihr Michel es offenbar erneut für angezeigt hielt, sich aufs Salbadern zu verlegen: »Unsere große, unsere wunderbare Liebe bleibt davon vollkommen unberührt. Die rangiert da weit drüber, denn sie ist bei keinem anderen als bei Gott angesiedelt.«

Ihr seien die Tränen in die Augen geschossen, und noch heute könne sie sich die bange Frage nicht wirklich beantworten, ob es ihr in diesem Moment gelungen sei, die Pfützen in ihren Augen zu verbergen.

»Also Käthe, es ist einfach eine Tatsache. Ich werde auf Abwege geraten, so oder so, also lass uns eine Vereinbarung treffen!«

Nein, habe sie gesagt, nee, besten Dank. So was sei nichts für sie. Irgendwelche verlogenen Vereinbarungen.

»Eben nicht verlogen. Versteh doch! Ganz ehrlich und ganz offen«, habe er beteuert.

Darauf meine Großmutter, so schroff sie irgend konnte: »Ich halte die Verhandlungen hiermit für abgeschlossen.«

»Weil ich dich, und nur dich, also liebe!«, habe mein Großvater fast weinerlich gestammelt.

Woraufhin sie, nackt wie sie war, aus dem Bett gesprungen sei und die Tür hinter sich zugeschlagen habe. Aber er, nicht faul, habe ihr mit einem »Jetzt warte doch!« nachgesetzt und sie in den Arm genommen. Ja, das sei so eine merkwürdige Mischung gewesen aus warmer, tröstender Liebkosung und kaltem Gefangenhalten. Jedenfalls sei es ihm tatsächlich gelungen, ihr besagten Persilschein abzuringen, auf dass er seine Eskapaden würde ungestraft durchziehen können.

»Ich war natürlich längst so weit, dass ich ihn nicht mehr loslassen konnte«, sagte Käthe B. und sah Regine direkt in die Augen. »Vielleicht auch, weil das meinen Ehrgeiz entfesselt hatte, nach dem Motto: Bei mir nicht, wenn er mit mir lebt und ins Bett steigt, braucht er keine andere. Was mich natürlich noch gefügiger gemacht hat. Also von wegen ›freigeben‹, das war auch damals schon zu spät.«

»Und«, grübelte Regine, »Sie glauben, dass er genau darauf spekuliert hat?«

»Das war Kalkül, da können Sie Gift drauf nehmen, Kindchen. Aber ja. Davon bin ich nach all den Jahren felsenfest überzeugt.« Meine Großmutter war aufgestanden, schöpfte aus dem Warmwasserfach des Herds und füllte gemächlich den Flötenkessel. Dann wandte sie sich der Kredenz zu, kramte eine Pappschachtel Kathreiners hervor und böselte ein paar Gramm in die Emailkanne, um Malzkaffee aufzubrühen. Regine blickte geistesabwesend jeder dieser Routinebewegungen nach und ließ ihren Blick schließlich leer in der überm Herd flimmernden Luft hängen.

»Jedenfalls«, setzte Käthe B. wieder an, »jedenfalls hat er mir ein ›Angebot‹ unterbreitet. Das Angebot nämlich, dass, wenn ich ihm seine Eskapaden ungestraft durchgehen lassen würde, er sich also frei flottierend durch die Gegend treiben könnte, dass er mich dann literarisch verewigen würde. Ich hör ihn noch säuseln: ›Im Gegenzug, liebes Kätheken, werde ich dich in meinen Büchern feiern.‹ Das, könnense sich vorstellen, war mir nun allerdings alles andre als geheuer. ›Ich will nichts über eine Käthe in deinen Büchern lesen‹, hab ich gezetert. Und er darauf: ›Nein, nicht mit Namen! Die Frauen werden andere Namen haben, aber du wirst dich in ihnen wiedererkennen. Ich werde in ihnen die marianische Frau erstehen lassen, die ich in dir finde. Gefunden hab. Und nur in dir. Ich werde sie mit deiner frommen Großherzigkeit ausstatten, werde in ihnen und durch sie deiner selbstlosen, treuen Hingabe einen Tempel errichten.‹«

»Als marianische Frau«, gurgelte Regine. Ihr fiel plötzlich auf, dass sie den Begriff nie gelesen und gehört hatte, bevor sie von Michel B. und seinen Texten drauf gestoßen worden war.

»Ja«, sagte Käthe B., »natürlich wär' ich die nicht in Vollendung, aber das Zeug dazu hätte ich.«

»Das Schwein das«, raunte Regine.

Aber über diesen Erkenntnisstand war meine Großmutter längst hinweg. »Ein Pakt – das hab ich in dieser Sekunde merkwürdig nüchtern, merkwürdig klar kapiert – ein Pakt, der mir zu einem Stück Unsterblichkeit verhelfen würde! Und der ihn gleichzeitig befreien und einbinden würde, ihm einerseits ermöglicht, seine Obsession auszuleben, und ihn andererseits festlegt, was seine literarische Stoßrichtung angeht. Auf ewige Zeiten. Jedenfalls solange ich lebe«, resümierte Käthe B., »auf der andern Seite hatte er mich damit natürlich endgültig am Kanthaken. Ich war mir mein Leben lang, wie wahrscheinlich jede Frau oder jede zweite, ziemlich unbedeutend vorgekommen. Und plötzlich kommt da ein Dichter, der einen verewigen will. Der einem so was wie eine Aufwertung über den Tag hinaus angedeihen lässt.«

O-Ton 55:
Elfriede Kern

Das war kein gut aussehender Mann, der war schmal und hielt sich krumm, also ich hätte mich nie drin verlieben können. Nein, nein. Kein Mann, von dem man sagt, der ist eine Todsünde wert. War ein Mann für den Hausgebrauch, der hatte keine Ausstrahlung. Der konnte Ihnen eher etwas leidtun, er war ein bisschen hilflos, jing auch immer jebückt. Nix. Also kein Mann, der eine Todsünde wert ist.

44

Diese mondänen Kirchen! Die einen zwangen, den Kopf in den Nacken zu legen. Deren Portale einen magnetisch anzogen. Wie ein offener Schoß.

Michel B. wusste genau, dass es ihm nicht gegeben war, gegen diesen Sog die geringste Widerstandskraft aufzubringen. Und so gab er denn willenlos beiden Variationen des gleichen Sogs nach, wann immer sich eine Gelegenheit bot. Beide Verlockungen waren für ihn mit einer unwiderstehlichen Energie beseelt. Hineingehen – versinken und sich versenken!

Gotische Zotten und Zapfen, floral verwoben, barocke Schnörkel, die gebogenen Lippen des Hauptportals und seiner Archivolte, die grotesken Wasserspeier, die hoch oben das verworrene Gemäuer benetzten, Nischen und Kuhlen, ornamental verspielte Ziergiebel und Fialen, tiefe Rinnen und geschwungene Wölbflächen, Säulen und Säulchen – ein Fest, ein Spektakel. Grandios! Eine einzige Huldigung. Michel B. verharrte in Andacht und betrachtete die Herrlichkeiten, die ihm schließlich eine bodentiefe Verbeugung abnötigten.

Das Größte für ihn: die Mutter aller Kirchen – der Kölner Dom! Den er gern »meine Domin« nannte, wie mir meine Großmutter mit gekräuselter Stirn verriet.

Sei ihr schleierhaft. Ein Rätsel, das sie mit sich rumtrage und nie zu lösen vermocht habe, seit sie – Jahrzehnte her – zum ersten Mal mit Michel B. vorm Kölner Dom gestanden habe. »Meine Domin!« Sie selbst habe diesem finstren Bock mit seinen klobigen Hörnern nie etwas abgewinnen können, bombastisch und schwarz, wie der sich da mitten in Köln rumräkle, behäbig, bräsig, breit. »Ja, stimmt«, fiel es ihr, nachdem sie sich hinlänglich in Rage geredet hatte, wie Schnuppen aus den Sternen, »stimmt, eine Ziege, kein Bock. Hat was Weibliches, das Monstrum. Was von einer fetten, griesegrauen Matrone. Wie man derart davon schwärmen kann, wird mir ewig ein Rätsel bleiben.«

Meinem Großvater erzählte sie jedoch nie von ihrer Abneigung gegenüber diesem gigantischen Gotteshaus. Hielt sich höflich nickend zurück, um seine schwärmerische Freude nicht zu schmälern. Während er sich zu immer neuen Begeisterungsstürmen hinreißen ließ und im nächsten Schritt die himmelsgleiche Innenarchitektur besang. Die schlanken Bündelpfeiler, hochgereckt hinauf zum Schlussstein der Kreuzrippen, wo sie organisch gebogen zusammenlaufen und das Himmelsgewölbe inszenieren.

»Die Wände mit farbenprächtigen Fenstern bis hinauf zum Triforium, und selbst darüber noch. Fenster wie glühende Bilder, die das Sonnenlicht filtern und weihen, indem sie es mit der Wunderwirksamkeit der bunten Schar von Heiligen aufladen.« Wieder und wieder dozierte mein Großvater, dass das profane Licht der Außenwelt beim Durchstrahlen dieser Fensterbilder in ein Heiligtum verwandelt werde, indem es die Heiligen und ihre gottwohlgefälligen Taten passieren muss, bevor es auf diese Weise selbst geheiligt das Innere der Kirche erleuchten darf.

Und darin – die weiteren Erwägungen allerdings verschwieg er seiner Käthe – darin sah er zugleich den maßgeblichen Unterschied zur Reise in die Unterwelt des Weibs: das Licht! Auch die Kirchen, mögen sie klein sein wie ein Eifelkapellchen oder grandios groß wie der Dom, die winzigen wie die hochkathedralen Behausungen der Ehre Gottes haben gegenüber der grellen Welt da draußen etwas Dunkles, zugleich Heimeliges und Heimliches. Im Vergleich zur Basilika des weiblichen Leibs allerdings sind sie strahlend hell erleuchtet. Hier regiert das gedämpfte zwar, aber doch das Licht, das die Wände als Bilderreigen, den Fußboden als flimmernde Landschaft in Szene und Bewegung setzt. Im Schoß der Frauen hingegen ist alles Finsternis, ist alles zottig weiche Nacht, ist alles auch heimlich, vor allem aber unheimlich. Und ist trotzdem alles Einladung, eine einzige Einladung ins Dunkel. Und – zusätzlich verlockend – dort beäugen einen nicht die gestrengen und selbstgerechten Blicke der stets Rechtschaffenen. Dort kann man ungesehn unbesehn eintauchen in die süße Sünde.

Dem nun wieder trägt, grinste mein Großvater sich zu, der schlichte Reiz der romanisch klobigen Kirchlein in der Eifel auf besondere Weise Rechnung. Mutterschoßbreit und niedrig, wie sie da glucken auf den Hügeln neben oder in der Mitte der Dörfer. Bäuerlich-fleischiger als die gotisch-schlanke Eleganz. Keineswegs zu verachten.

45

O-Ton 56:
Elfriede Kern

Der lebte in seinen Büchern, in einer Welt, die ja fiktiv war, die ja nicht existierte. Denn die Religiosität, die ist ja auch aufgesetzt.

Denkbar auch das. Denkbar, dass Michel B. sich seinen Glauben nicht glaubte. Denkbar, dass er sich deshalb dem traditionell katholischen Gottesbild verpflichtet fühlte, weil sein Gott gar nicht groß genug sein konnte. Weit entfernt, entrückt, hoch droben. Ein Gott ohne Fehl und ohne Tadel. Umso makelloser, abgehobener und unfehlbarer, je mehr Fehler Michel B. selbst sich leistete. Was man selbst nicht kann, das predigt man. Der ehrlichste Betrug ist immer noch der Selbstbetrug.

Das hatten seine Literatur und seine Religion gemeinsam: Bearbeitung von eigenen Fehlleistungen durch Fiktion und Projektion. Papier ist geduldig. Der Beichtstuhl nicht minder. Kein Wunder, dass sich seine Bücher wie moralmissionarische Predigtskripte lesen. Wie Gardinenpredigten an sich selbst.

O-Ton 57:
Ursula Land, geb. Becker

In die Kirche ging er, wenn er zu Hause war, regelmäßig. Also die Kneipe wurde angeschlossen. Aber der ging nit in die Kirche, um nachher in die Kneipe gehen zu können, denn der wär auch in die Kneipe gegangen ohne Kirch. Nee, dat war wohl für ihn sehr wichtig.

Als wir in Engelgau wohnten, und da musste jeflaggt werden, und wir hatten natürlich keine Hakenkreuzfahne. Und dann gab's da 'n Ortsgruppenleiter, der war 'n ziemlich scharfer Hund. Und der hat jesagt, also jeder, der nicht geflaggt hat, der – und, ja. Und dann ist der Vater hingegangen und hat die Kirchenfahne am Fenster rausjehangen. Und er hatte geflaggt.

46

O-Ton 58:
Elfriede Kern

Wenn der da sitzt un hat kein Jeld un jeht an’t Portemonnaie un holt alles eraus aus der Haushaltskasse un man keine Mark erumliegen lassen kann, jeht un macht Schulden, un dat muss wieder bezahlt werden, nit? Denn, da er immer rumflog, er brauchte ja immer Jeld. Jeld! Wo er Jeld kriejen konnte, nahm der Jeld. Also der hatte überhaupt, möchte ich sagen, kann man sagen?: en soziales Empfinden? Nein, das hatte er nicht.

»Voll der Hammer. Und von so was stamme ich ab?«, so der Kommentar meiner Tochter, die dreizehn war, als ich ihr von meinem Großvater, ihrem Urgroßvater, erzählte, den persönlich kennenzulernen sowohl mir, wie gesagt, als auch folgerichtig ihr verwehrt blieb.

47

Irgendwann mussten die ellenlangen Gänge und Korridore der erzbischöflichen Residenz doch ein Ende haben. Schon das Respekt einflößend, dieses labyrinthische Gewürm, das man zu passieren hatte, bevor man sich dem pharaonischen Mittelpunkt nähern durfte. Mit Sicherheit Absicht der alten Baumeister und vor allem der Bauherren, denen es genau darum zu tun war: um in Stein gemeißelte Ehrfurcht, gebaute Demut, um den gemauerten Reflex des Stirnsenkens. Natürlich kannte Michel B. den steinharten Krampf der gebeugten Knie zur Genüge, den dieser Bau hier unwillkürlich hervorrief. Schließlich ging er ja ein und aus in solchen Gebäuden auf der Grenzlinie zwischen sakralen und profanen Gefilden. Trotzdem war's ihm jedes Mal ein Angang, schon allein wegen des vorgeschalteten Marsches durch diese verworrenen Gewölbe.

Schließlich und endlich stand er vor der riesigen Tür, die als letzte dem Zugang zum Allerheiligsten im Weg stand. Doch dieses bucklige Faktotum, das ihn hierhergeführt hatte, baute sich vor der Tür auf und bedeutete ihm stumm, aber darum nicht weniger entschieden, sich ans gegenüberliegende Korridorfenster zu stellen und zu warten, bis man ihn … Aber da ging die Tür hinter dem Buckligen auf, und der Kardinal bat meinen Großvater einzutreten. Dieser warf einen kurzen Blick in alle Richtungen, um den kirschholzgetäfelten, so finstren wie gewaltigen Audienzsaal zu ermessen. Gleichzeitig musste es ihm gelingen, möglichst wenig zu zeigen, wie sehr ihn diese wuchtigen Dimensionen beeindruckten. Was ihm insofern nicht über die Maßen schwerfiel, als er nicht zum ersten Mal in diesen Saal trat.

Entschieden energischer als ihm zumute war, kam mein Großvater nach Absolvieren der kurzen Begrüßungs- und Huldigungsformeln ohne Umschweife zum Anlass seines Besuches: »Hochehrwürdiger Herr, Sie kennen mich als Verfasser aufrichtiger gottes- und kirchentreuer Literatur verschiedener Genres …«

»Eine Literatur, die gerade in diesen Zeiten bestens dazu angetan ist, die Schafe Gottes unbeirrbar auf den von den Sakramenten vorgezeichneten Pfaden wandeln zu lassen«, nickte der Kardinal, und seine scharlachrote Kalotte führte ein kleines Tänzchen auf seiner glänzenden Glatze aus. »Ja. Ich kenne euch als Dichter höchst wertvoller Zeilen. Fürwahr. Und als Mann, der mit Geld nicht umzugehen weiß und nicht mal haltmacht vor Schatullen, die einzig der Mehrung und Verbreitung des Lobes Gottes dienen. Ja, ich kenne euch, Michel Becker.«

»Nein, Eminenz«, erwiderte Michel B. einigermaßen überzeugend, »heute bin ich nicht hier, um einen weiteren Akt christlicher Barmherzigkeit zu erwirken.«

»Und selbstredend auch nicht«, das Zingulum spannte beängstigend über der darunter verborgenen Wölbung, »um die Erträge meiner letzten ›Akte christlicher Barmherzigkeit‹ zurückzuerstatten!«

»Nein, auch das nicht. Es ist vielmehr – ich ersuche Sie, ich muss Sie ersuchen, einem in Not geratenen Pater zu helfen, indem Sie sich auf den höchsten, den allerhöchsten Regierungsebenen für ihn verwenden.«

Der Kardinal neigte sein rechtes Ohr zu dem händeringenden Bittsteller. »Ich höre.«

»Also Pater Clemens Brosbach, Benediktiner, also in der Abtei zu Maria Laach«, stotterte Michel B. und registrierte erstaunt und erleichtert, dass sich seine Sätze und seine Stimme wieder fingen. »Ich habe erfahren, dass Bruder Clemens von der Gestapo verschleppt und inzwischen zum Tode verurteilt wurde. Das darf nicht geschehen. Den Mann trifft nicht die geringste Schuld, und zugleich ist er für die Koordination der unerschrockensten christgläubigen Geister im Reich von unschätzbarem Wert.«

»Mir nun wieder ist zu Ohren gekommen«, konterte der Kardinal und genoss die Vorfreude auf den Überraschungscoup, den er nun landen würde, »dass Ihr mit Eurem liederlichen Lebenswandel nicht eben wenig zu dieser dramatischen Situation beigetragen habt.«

Der Hieb saß. Michel B. war völlig konsterniert. Bis hierher war das Echo seiner Kneipenprahlerei vorgedrungen! »Verzeihen Sie«, das Stottern und Stammeln war wieder zur Stelle, »verzeihen Sie einem sündigen, doch reumütigen Diener Gottes das, was er im Zuge, ehm, weinseliger Verirrungen an Unheil angerichtet haben mag!«

»Ich bin nicht Euer Beichtvater«, kam es kühl zurück. »Ihr wollt mir also weismachen, dass Ihr hier seid, bloß um Euch geradezu selbstlos um einen der Kollateralschäden Eurer Schrankenlosigkeit zu kümmern?! Ehrlich gesagt, mein Sohn, mir fehlt der Glaube.«

»Nehmen Sie die Tatsache, dass ich bei Ihnen vorspreche, meinetwegen als Handeln aus niederen Instinkten, um der Beißwut des Gewissens zu entgehen. Sei's drum.« Meinen Großvater hielt es nicht länger auf dem knochenharten Selbstkasteiungsstuhl. Obwohl höchst eigenmächtig und seiner Büßerrolle in keinster Weise entsprechend, stand er auf, ging einige Schritte Richtung Tür und – und starrte das Kreuz an, das über dem Türrahmen die Sünder zu gottesfürchtigen Schritten ermahnte. Ohne den Blick vom schmerzverzerrten Gesicht des leidenden Herre Christ abzuwenden, murmelte er etwas Unverständliches, als wolle er vor diesem, und nur vor diesem dort oben, ein der Not gehorchendes Bekenntnis ablegen. Bevor er sich energisch umdrehte und den Kardinal fixierte. »Es ist jetzt nicht mehr die Zeit, sich um meine Befindlichkeiten oder meine Verfehlungen zu scheren. Sie müssen handeln! Jetzt. Die stellen den Mann an die Wand!«

Der Erzbischof aber wich dem Blick aus und kramte aus der untersten Schublade seines klobigen Schreibtischs ein Papier. Damit wedelte er meinem nähertretenden Großvater vor der Nase herum und sagte: »Ihr kommt zu spät. Mir wurde telegrafiert, dass das Urteil gestern im Morgengrauen vollstreckt worden ist.«

48

Michel B. war heilfroh, dass er es war, der ausnahmsweise als Erster dem Klopfen an der Tür nachging, und nicht Käthe. Sofort, ohne ein Wort des Abschieds, ohne sich einen Mantel überzuwerfen, packte er Steguweit und schob ihn eilends aus dem Dorf. Draußen, zwischen Wiesen und Feldern, schritt mein Großvater kräftig aus, Steguweit hechelte hinterher und holte erst nach einer ganzen Weile auf. Worauf sie bis rüber zum Nöthener Wald wortlos nebeneinander hergingen.

O-Ton 59:
Ursula Land, geb. Becker

Die hat immer wieder alles mi 'm Mäntelchen der Liebe zujedeckt. Ja, die hat sicher sehr darunter jelitten. Aber die hat ihn ja aufrichtig jeliebt. Und das kauf ich ihr auch ab, sonst hätte sie das nicht über all die Jahre mitmachen können. In der Form. Die hat alles mit sich machen lassen. Tja, dann kam er an und sagte: Du bist ja doch die Beste. Und die lag dann wieder flach auf dem Boden vor Bejeisterung, datt er überhaupt wieder da war. Es wäre vielleicht ganz anders gewesen, wenn der en Frau jehabt hätte, die gesagt hätte: »Heh, Mann, dein Rock, der brennt. So nicht!«

»Liebe ist Lüge.« Wer war das noch mal, der das irgendwann in einem schlauen Moment gesagt hatte? Steguweit? Brües oder Zerkaulen? Michel B. wollte es einfach nicht mehr einfallen. Aber interessanter Gedanke, schoss es ihm durch den Kopf. Er wusste nur nicht, ob er ihn glauben sollte. Zeit seines Lebens wusste er das nicht. Und seine Käthe? Dürfte sich in dieser Frage auch nicht allzu sicher gewesen sein.

Oder, verdammt, stammte der Satz am Ende vom Österreicher? Es war doch zum Kotzen, dass der ihm immer noch und immer wieder im Kopf rumspukte. Wollte auf den Tod keine Ruhe geben, der Bursche.

Gut, irgendwie hatte er sich damit arrangiert. Lebte ja nun schon seit Jahren, Jahrzehnten mit diesem Ungetüm übelster Erinnerung. Aber was eigentlich hatte Steguweit ihm sagen wollen, als er vor ein paar Wochen aus dem Nichts aufgetaucht war. Nach all den Jahren. Aufgeschreckt sicherlich durch seinen, Michels, Aufnahmeantrag bei der Schrifttumskammer, zu dem Steguweit sich ja schon von Amts wegen irgendwie verhalten musste. Aufgetaucht also bloß, um mit seinen Erfolgen anzugeben? Um ihn für die Sache des Führers zu missionieren? Und jetzt also war er wieder zur Stelle. Noch mal der auch von Aachen aus nicht ganz unerhebliche Aufwand einer Tour in die Eifel?

Immer noch schweigend und ohne sich anzublicken, sprangen sie, kaum waren die ersten Häuser des Dorfes erreicht, über den Gartenzaun, hinter dem sie eine Leiter ausgemacht hatten, die an den alten, immer noch nicht abgeernteten Apfelbaum gelehnt war. Seit Monaten überfällig, die Äpfel. Wie beim Abschmücken vergessene Weihnachtsbaumkugeln. Was, wie sich ahnen ließ, dem Umstand geschuldet war, dass der Herr des Hauses eingezogen worden war und darauf vorbereitet werden sollte, irgendwo im Schützengraben das auszubaden, was ganz wer anders eingebrockt hatte.

Kaum hatte Steguweit die letzten Leitersprossen genommen, um sich die Taschen vollzustopfen und sodann die nächsten überreifen Schmuckstücke zu seinem Kumpel aus jungen Tagen runterzuwerfen, wurde meinem Großvater plötzlich wieder bewusst, mit wem er da diesen Pennälerstreich durchzog. Und augenblicks war das alte Einvernehmen verflogen. »Gib's zu«, platzte er Apfelsaft schmatzend heraus, »du bist hier, um mir allen Ernstes zu erzählen, dass du für das Österreicher-Skript jetzt die Imprimatur erteilt hast!«

»Ich hab mich übrigens beim Aachener Generalvikar für deine *Herrgottstal*-Novelle verwandt«, kam es aus den jetzt nur noch zur Hälfte fruchtbeladenen Ästen, »mit dem erfreulichen Resultat, dass man das Ding bereits im Oktober – ich musste bloß ein paar ganz wenige völkisch ausgereifte Visionen ergänzen, aber: gern geschehn – jedenfalls mit dem Resultat, dass man dein Machwerk also in einer für jedermann erschwinglichen Broschur-Ausgabe herausbringen und in allen Pfarrbüchereien der Diözese bereitstellen wird. Und dass man darüber hinaus den Nachbardiözesen dringend empfehlen wird, ihre Bibliotheken ebenfalls damit auszustatten.«

Michel B. war außer sich und kreischte hinauf in den Baum: »Du wirst gleich morgen bei besagtem Generalvikar vorsprechen und ihm verklickern, dass der geneigte Autor seinen Text umstandslos zurückzieht, sofern auch nur ein Wort hinzugefügt, gestrichen oder verändert wird. Nur, und zwar definitiv nur das Original ist zu haben.«

»Och, Michel, komm, nun versuch nicht, so viel Wind mit deinem kurzem Hemd zu entfachen! Du kannst doch auf das Honorar überhaupt nicht verzichten. Endlich mal eine Summe! Endlich mal eine Auflage! Alter Junge«, lachte Steguweit, »mach dich nicht stärker, als du bist. Du brauchst die Penunzen doch fürs nackte Überleben. Andernfalls hast du zwar wieder mal einen lupenreinen Michel-Becker-Text abgeliefert, aber deine Käthe guckt in die Röhre. Und dein Urselchen erst. Und deine Lebemann-Allüren, die wollen doch auch bezahlt werden. Also bitte.«

Die dunklen Augen meines Großvaters schossen Blitze durch die quer liegende Acht der Hornbrille. »Morgen marschierst du ins Diözesanbüro, ziehst deine Änderungen zurück und bestehst auf der Originalfassung, sonst, sonst … Heinz, ich vergesse mich!«

Steguweit war nah dran, sich am eigenen Speichel zu verschlucken. »Willst du mir drohen?!«

Michel B. drückte den Rücken durch und rappelte bedrohlich an der Leiter, auf deren oberster Sprosse der Obstdieb herumturnte, um den nun schon etwas entlegeneren, nichtsdestoweniger rotwangig leuchtenden

Paradiesfrüchten zu Leibe zu rücken, auf dass nur ja keine den Vögeln zum Fraß bleiben möchten.

»Michel, altes Sackgesicht, willst du dir noch einen Dichterkollegen aufs Gewissen laden?«, japste Steguweit.

»Schnauze! Ich warte noch auf eine Antwort: Hast du das Österreicher-Schundskript zum Druck freigegeben oder nicht?«

»Natürlich. Wo denkst du hin!«

Worauf mein Großvater ruckartig an den Leiterwangen zog. Steguweit hoch oben fuhr der Schreck in die Glieder, und er griff in den nächstbesten Ast. Ungeachtet der Tatsache, dass er bei dieser unkontrollierten Rettungsaktion etliche der süßen Preziosen abschüttelte und ihrem Schicksal als frostgequältes Fallobst überließ und dass er den goldenen Apfel der Erkenntnis, den er just in Händen hielt, zerquetschte. Der klebrige Saft lief ihm in die Ärmel, spritzte aufs Jackett, besprenkelte den blütenweißen Hemdkragen.

»Heinz«, brüllte mein Großvater, »der Österreicher war einer von uns, verdammt noch mal. Und wir haben ihn durch unsere besoffene Achtlosigkeit über'n Jordan gehen lassen. Da kannst du nicht Jahrzehnte später hingehn und ...«

»Ich war's doch, der gesagt hat, lass uns umdrehn und nachsehn!«, schallte es aus dem halsbrecherischen Astwerk, »und wenn ihr nicht einfach stur Heil weitermarschiert wärt zum nächsten Schnaps, würde der Österreicher sich wahrscheinlich eines höchst agilen Lebens erfreuen. Schuld seid ihr, nicht ich. Nur um das noch mal festgehalten zu haben.«

»Du hättest ja nicht mitkommen müssen zum Büdchen, hättest dem Österreicher ja direkt helfen können.«

»Ich erwähne dich ja nicht mal namentlich.«

»Wär ja noch schöner!«

»Und ich kann mir auch nicht vorstellen, dass man dich anhand meiner Beschreibungen erkennt.«

»Steguweit«, brüllte mein Großvater und rappelte zur Bekräftigung an der Leiter, »das ist das Mindeste, was wir für ihn tun können, dass wir ihn in Ruhe lassen. Damit er sich jetzt nicht auch noch im Grab rumdrehn muss, weil seine Geschichte zwischen zwei Buchdeckeln zu lesen steht. Noch dazu nazikonform auf judenfeindlich getrimmt.« Michel B. ruckelte ein weiteres Mal an der Leiter, die inzwischen in den Fugen ächzte wie eine frierende Winterkrähe.

Und die jämmerliche Gestalt am oberen Ende der Leiter setzte zum Versuch an, dieses schwankende Gestell ganz hinter sich zu lassen und sich den Ästen hoch droben anzuvertrauen. Die jedoch erschienen ihm, dünn und altersschwach wie sie waren, denn doch nicht hinreichend vertrauenerweckend. Sodass er seine Füße eilends wieder zurück auf die letzte Sprosse setzte. »Du weißt doch gar nicht, ob er nicht wirklich Jude war.«

»Nee, weil's für uns keine Rolle spielte damals. – Also, Steguweit, du Schweinehund«, dröhnte mein Großvater und zerrte an der Leiter herum, »jetzt hast du zwei Rückzugsmanöver vor der Brust: meine nazifrisierte Erzählung und deinen pietätlosen Todesfeder-Fledderroman! Aber du machst das schon als hohes Tier in der Zunft der völkisch heldenhaften Verseschmiede.«

»Was ich ganz gewisslich sein lassen werde«, war – vom Mut der Verzweiflung getragen – zwischen den knorzigen Zweigen oben zu vernehmen.

Worauf mein Großvater, um seiner Drohung Nachdruck zu verleihen, die Leiter kurzerhand ganz wegzog und ins Gras schmiss, während hoch droben Heinz Steguweit am seidenen Faden eines viel zu alten Astes zappelte, der unter der Last bedrohlich knarrte und knackte. »Dass wir uns da ganz klar verstehen«, bekam Steguweit von unten, von den rettenden, doch meilenweit entfernten Gestaden des festen Bodens aus zu hören, »solltest du morgen früh die beiden Skripte nicht zurückziehen und den Österreicher posthum um seine wohlverdiente Ruhe bringen, sollte ich bis morgen Abend kein Telegramm mit der Vollzugsmeldung auf dem Tisch liegen haben, bin ich bei der Kripo und zeige dich an wegen fahrlässiger Tötung in Tateinheit mit unterlassener Hilfeleistung oder so was.«

»Kannst du dich gleich mit anzeigen«, ächzte es droben in wolkigen Höhen.

»Ich weiß«, murmelte mein Großvater und ging, ohne die Leiter und den zappelnden Käfer in den Apfelzweigen noch eines Blickes zu würdigen.

49

Jetzt setz dich mal da auf die Bank, Kindchen, die ist rappeltrocken. Und die paar Wirsingdinger hier vom Stängel holen, das kann ich nu wirklich allein. Du musst dich noch schonen.« Käthe B.'s schrille Truthennenstimme jedoch verriet, dass sie nicht wirklich von rührseliger Rücksichtnahme beseelt, sondern schlicht genervt war. Regine war schon wieder aufgelaufen und wich ihr nicht mehr vom Rockzipfel. Und rausschmeißen, das ging beim besten Willen nicht. Schon gar nicht, seit sie wusste, dass ihr Michel bei dem Malheur den elften Finger im Spiel gehabt hatte.

Regine nahm natürlich keine Notiz von dem Tipp, sich auf die Gartenbank zu setzen. Sie blieb breitbeinig neben der Furche stehn, wo meine Großmutter im Schnee hockte. »Das, was Sie mir bei unserm letzten Treffen vor der Entbindung erzählt haben – also – ich hab noch mal drüber nachgedacht – ich –, Sie wollen ihn mir nur madig machen, wollen nur, dass ich von ihm ablasse.«

»Ach, Kindchen.« Natürlich war meiner Großmutter klar, dass das, was sie Regine eröffnet hatte, die ganze Zeit in ihr rumort haben musste. Und sie bereute es, im Eifer des Gefechts so viel erzählt zu haben. Ihre Idee jedenfalls, die junge Pute auf diese Weise abzuschütteln, führte zum schieren Gegenteil. Und jetzt kam bei Regine der Beschützerinstinkt für ihre Brut noch hinzu, nachdem sie, allen Widrigkeiten zum Trotz, ein gesundes Kind, eine Tochter, ausgetragen hatte.

»Sauer, wie Sie sind, zerren Sie am Ende auch noch an seinen Büchern rum, suchen auf Teufel komm raus irgendwelche Haare in irgendwelchen Suppen, kleckern dem frommen Dichter schwarze Flecken auf die weiße Weste«, setzte Regine nach und sah nicht ohne trotzigen Stolz von oben auf Käthe B. herab, die unbeirrt den Wirsingstrünken zu Leibe rückte und »das glaubst du doch alles selbst nicht« murrte.

»Wieso auf einmal ›du‹?«, fragte Regine spitzmäulig.

»Pardon. Soll nicht wieder vorkommen.« Meine Großmutter blickte kurz auf, während sie ihr Messer an der Schürze abwischte. »Du sprichst irgendwie meinen Mutterinstinkt an. Jedenfalls es ist die Wahrheit: Dieser ganze Schwarz-auf-weiß-Kokolores aus gottwohlgefälligen Worten ist nichts als 'n Schmiermittel! Eine Art Kugellagerfett, damit sein Getriebe reibungslos funktionieren kann. Dass ich nicht Sand zwischen die Zahnräder schmeiße.«

»Für so wichtig halten Sie sich, dass er sich für Sie bei seiner Dichtung auf eine ganz bestimmte, wie haben Sie gesagt: ›Masche‹ festlegt?!«

Käthe B. stand ächzend auf, und ihre Knie erhoben leise knackend die übliche Anklage. Sie streckte den Rücken kurz durch, nahm den Wirsingkorb auf und stiefelte, ohne drauf zu achten, ob Regine ihr folgte, los, während sie in sich hinein brummte, nein, so vermessen und selbstversessen sei sie gar nicht. Das habe mit ihrer Person selbst herzlich wenig zu tun. Schon gar nicht mit Liebe oder so 'm Quark. Worauf sie ein hexenhaftes Kichern hören ließ. Nein nein, im Gegenteil, sie sei sich sicher, dass hinter seinem simplen Strickmuster nicht mehr stecke als die pure Bequemlichkeit. Erst mal habe er darauf jetzt seine ganzen Beziehungen und Verbindungen zu Verlagen, Theaterleutchen und Spendern ausgerichtet. Und die mussten einigermaßen regelmäßig bedient werden, sonst würden auch diese paar Kröten noch den Bach runtergehn. Und außerdem müsse er sie, sein Kätheken, ganz schlicht und ganz einfach bei der Stange halten. Wenn er sie nicht als geschmeidiges Scharnier zwischen seinen Boheme-Allüren und seiner gutbürgerlichen Existenz wisse, werde es schwierig.

Mitten auf dem Weg Richtung Haustür ließ meine Großmutter den Korb achtlos zu Boden gehen, drehte ab und stampfte zu der provisorischen Bretterbude, die Jüppschen bereits Ende Mai aus den kohlrabenschwarzen Ruinen hatte erstehen lassen. Sie zog die jaulende Tür hinter sich zu, raschelte mit den Röcken und redete ohne Punkt und Komma weiter. Eingedenk der Tatsache, dass die jetzt im Winter noch mehr auseinanderklaffenden Bretter nicht mehr als ein Seidenpapier vor ihre Worte spannten. »Mein Mann braucht mich als Fels in der Brandung seines Chaos, als alltagstaugliche Versicherung, als marianische Trulla, die ihn an ihren drallen Busen drückt, wenn er von seinen Expeditionen in weibliche Unterwelten heimkehrt. Als sanfte, naive, umfangreiche Maria. Denn er weiß sehr wohl, dass sein Herr und Gott hochgradig eifersüchtig ist. ›Du sollst keinen lieben neben mir‹, soll der ja postuliert haben. Und wenn du *eine* liebst neben dem Herrn, dann gefälligst in Gott – also nur dann, wenn du seinen Segen hast! Das heißt: Gott der Herr will immer dabei sein, der Voyeur. Gott ist schließlich auch nur 'n Mensch, der arme Mann. Schließlich ist die einzige Frau in seiner Nähe jungfräulich, unbefleckt und unantastbar. Kein Wunder also, dass sich Michel genau so eine rauspickt, um in ihr den Idealtypus des guten Menschen, zumal der guten Frau, auszumachen: Maria, die holdselige!«

Käthe B. kippte einen Schwapps aus dem mit einer dünnen Eisschicht abgedeckten Wassereimer hinterher, um die Tiefen und Untiefen des dunklen Gebirges dort unten ein bisschen einzuebnen.

50

O-Ton 60:
Elfriede Kern

Vielleicht hatte man auch immer die Hoffnung, dass man ein klein bisschen auf ihn einwirken könnte. Nicht? Und Sie konnten ja vielleicht das innere Gefühl haben, dass der edelnde Eindruck, den Sie ihm gaben, ihn läutern konnte. Das könnte ja, sagen wir mal: 'ne Eigenliebe sein, die sie dem angedeihen ließ. Also er war nicht abstoßend! Das war er nicht. Und so wie Eltern, sagen wir mal: Kinder, die sehr vom guten Wege abgekommen sind, oft mehr lieben als die anderen Kinder. So könnte das auch sein, dass man ein bisschen Mitleid damit hatte.

Mag durchaus sein, dass meine Großmutter die zweifelsohne schwierigen Jahre mit ihrem Michel nur deshalb überstand, weil sie das Motto »an meinem Wesen soll sein Wesen genesen« als Banner über ihre Tage gehängt hatte. Jahrzehnte später jedenfalls, bei einem meiner Besuche, das werde ich nie vergessen, begab sie sich plötzlich untern Tisch, mit einer Behendigkeit, die ihr das beißende Rheuma im Rücken, die knarzenden Knie und ihre damals bereits deutlich mehr als achtzig Lenze von Rechts wegen überhaupt nicht gestatteten. Sie kramte in den unerfindlichen Abgründen ihres Klappsofas und förderte endlich ein Bündel vergilbter Papiere zutage, deren Falzkanten wie die altgedienter Landkarten bei der leisesten Berührung zu brechen drohten. Sie strahlte übers ganze Gesicht und beteuerte stolz, das sei nur der kleinste Teil der Liebesbriefe, die er ihr im Laufe ihrer vierundzwanzig Jahre währenden Ehe und natürlich vor allem davor geschrieben habe. Und sie tippte mit nassen Augen – Michel B. weilte zu diesem Zeitpunkt seit drei Jahrzehnten nicht mehr unter den Lebenden – auf seine Buchstaben. Lupenrein und lupenklein. Obwohl gestochen scharf und von penibler Gleichmäßigkeit, in der Tat fast nur mit Vergrößerungsglas zu lesen. »Zärtlich, zauberhaft, findste nicht auch? Dat is Kunst, die Schrift, is Liebe. Ja, schon allein die Schrift is Hinjabe, is Huldijung.« Und was der schwelgerischen Begriffe mehr sind, die angesichts dieser Miniaturen aus ihr herauspurzelten. Ihre Stimme begann zu flattern wie ein junger Schmetterling, während sie mehrfach – wie um sich selbst zu überzeugen – beteuerte, dass es sich bei diesem Schriftbild um nichts als einen einzigen großen Liebesbeweis handle. Ich widersprach nicht. Stand mir nicht an, den Strohhalm in Zweifel zu ziehen, an den sich meine Großmutter jahrzehntelang klammerte – zumal ich selber, wenn auch ungleich weniger ausgefeilt, ähnlich klein schreibe. Dies übrigens mit Sicherheit nicht ohne Zutun großmütterlicher Vorbildbeschwörungen, die einen Erst- oder, was weiß ich, Zweitklässler zutiefst beeindrucken mussten.

Meine Mutter hingegen pflegte diesbezüglich eine durchaus skeptischere Sichtweise. Für sie war die Klitzekleinschrift beredtes Zeugnis seiner Verantwortungslosigkeit. In ihren Augen bedeutete diese mikroskopische Schrift vor allem Ersparnis an notwendigen Festlegungen. Nur in winzigen Bewegungen mit fein gespitztem Bleistift habe er die Buchstaben niederschreiben können, die schwarz auf weiß, wiewohl kaum lesbar, so folgenschwere Vokabeln wie *»immerwährende und liebevolle Fürsorglichkeit«* festhielten. So und nur so konnte er moralische Ambitionen niederschreiben, denen er selbst nicht im Entferntesten gewachsen war. Ein steter Versuch, von vornherein die Treue schwörenden Verbindlichkeiten, triefenden Beschwörungen ewiger Liebe, die die Briefe dahersäuselten, abzumildern, zu relativieren. Er wagte es – wie sein Lebenswandel verriet: vollkommen zu Recht – nicht, die schweren Worte in mehr als millimetergroßen Graphemen zu Papier zu bringen. Große Worte, kleine Schrift. Jeder Winzlingsbuchstabe ein feines Hintertürchen. Weil die hohen hehren Ziele, die er schreibend postulierte, im wirklichen Leben für ihn unerreichbar waren und blieben. Ziele übrigens, die er zweifellos weniger formulierte als fabulierte. Auf Papier setzte, das ausgesprochen geduldig war. Er strickte aufwendige Erzählungen drumherum, literarische Dekorationen, keineswegs immer virtuos geklöppelte Poesiegirlanden, je barocker, verzwirbelter, gereimter, desto lieber.

Aus wohlmeinender Perspektive kann man Michel B.'s Winzschrift auch als grafischen Ausdruck seiner tief greifenden Selbstzweifel und Verzweiflung sehen. Zwergbuchstaben, die ihren Lesern immerhin reichlich aufmerksame Zuwendung abverlangen. Balsam für die inneren Zweifel ihres Schreibers.

Vielleicht auch war die kleine Handschrift, möchte man spaßeshalber mutmaßen, vielleicht war sie schlicht und einfach einem ganz realen Sparzwang geschuldet. Schließlich konnte er mit seiner Miniaturschrift Papier sparen; angesichts der stets angespannten Haushaltslage eine durchaus weitsichtige Erwägung. Ohne jeden Zweifel ist hinter diesen Kleinfeinbuchstaben seine feingliedrige Akribie erkennbar, die freilich der Zerstreutheit keinerlei Abbruch tut. Was für meine Mutter wenigstens noch fein ziselierte Genauigkeit war, will mir als obsessiv pedantische Ordnungsliebe erscheinen, weil er in sich selbst nicht allzu viel in Ordnung fand. In seinem Bändchen *Die neue Stadt* hat er geschrieben, dass, je mehr die Ordnungen draußen untergingen, sein Held, ein Mann des Glaubens, sich in Bachs Musik mit ihrer strengen, jubelnden Gesetzlichkeit daheim fühlte. Das dürfte ohne Abstriche auch für Michel B.'s Schrift gelten, die schließlich sein täglich Brot, sein Werkzeug überhaupt, war.

Besagte Liebesbriefe jedenfalls, die ich damals kurz zu sehn, aber nicht zu lesen bekam, sind heute, dreißig Jahre nach dem Ableben meiner Großmutter, nicht mehr auffindbar. Ich vermute, dass meine Mutter das ganze Konvolut bei der Haushaltsauflösung eilends zu entsorgen wusste.

51

Endlich in der Küche angekommen, setzte meine Großmutter Wasser auf, und Regine wusch die Wirsingblätter im Spülstein. Das war noch kein Problem. Auch als sie den Wirsing ins kochende Wasser manövrierte, während meine Großmutter die zwei Scheiben Speck, die die Metzgersfrau ihr für kleines Geld überlassen hatte, in Würfel schnitt. Und auch als die Speckwürfel mit den Zwiebeln in der Pfanne tanzten, drehte sich Regine noch nicht der Magen um.

»Ich mach mir da wenig Illusionen«, griff Käthe B. ihre Michel-B.-Lektionen wieder auf. »Der braucht mich, damit er, ohne sich einen Kopf um die Rahmenbedingungen des Alltags zu machen, damit er in Ruhe ›singem Schrieves‹ nachgehn kann.«

»Und dann bloß frommes Gesülze, hinter dem er nicht steht?«, murmelte Regine in den Wirsing, während sich ihre Gesichtsfarbe ganz allmählich änderte.

»Erfasst, Kindchen. Der muss noch und nöcher Zeugs schreiben, was ihn literarisch komplett auf der Stelle treten lässt.«

»Das also ist Ihre Rache!«

»Das ist meine Rache«, sagte meine Großmutter tonlos. »Dass er sich damit gleichzeitig befreit und bindet, sein

Liebesleben ausufern lassen kann und auf den frömmelnden Verseschleifer festgelegt ist. Eine Rache übrigens, mit der ich mir ständig in den eigenen Finger schneide. Denn dieses Geseier ist ja kaum zu verkaufen. Zumal jetzt, nachdem die Nazis ihre Krallen in alles hacken, was mit Gott und gutem Glauben und Kirche zu tun hat. Kein noch so kleines Kolpinghaus in der hinterletzten Provinz traut sich noch, am bunten Abend Stücke von Michel Becker auf die Bühne zu stellen. Suchen sich vorsichtshalber irgendwelche deutschnationalen Schinken.«

Regine blickte kurz auf. Ihre Augen stachen schon merkwürdig aus dem inzwischen aschfahlen Gesicht. »Aber so was schreibt er nicht. Immerhin.«

»Immerhin.«

O-Ton 61:
Hans-Michel Becker

Der hat von den Nazis nichts wissen wollen, auch keine frühe Anfechtung erlitten, nicht wahr, da hat er nichts mit zu tun gehabt. Außerdem waren die Themen, die er in seinen Büchern anschlug, nun weiß Gott keine Nazithemen. Der war auf eine gewisse Weise ja ein treuer Sohn seiner Kirche. Also auch dieses ganze Kommandowesen, was man also jeden Tag sehen konnte, wenn also die HJ vorbeimarschierte oder die SA, das war nichts für meinen Vater. Die Art und Weise, da so nebeneinanderher zu trotten, zackig, nein, also das Wort »zackig«, das hat er nicht gekannt.

»Immerhin. So viel Rückgrat, dass er nicht nach den Noten der Nazis singt, hat er, das muss man ihm lassen«, nickte Käthe B., »ja. Die dreihundertfünfundsiebzigste Laudatio auf einen reumütigen Popen sich aus den Fingern zu saugen, das kriegt er ohne Probleme hin. Aber das ›Tausendjährige Reich‹ ist kein Reich Gottes. Das weiß er. Und da verbiegt und verbeugt er sich auch nicht. – Aber ansonsten glauben wir uns beide beides nicht. Oder noch genauer: wissen beide, dass wir lügen. Er mit seiner frömmigkeitstriefenden, rückwärtsgewandten Literatur und ich mit meinem großen marianischen Herz, an das ich den Ausreißer zu drücken pflege.« Plötzlich fing meine Großmutter an zu flüstern: »Kindchen, er lässt dich ins offene Messer laufen. Wenn du Glück hast, wenn du viel Glück hast, kann er dich als Jungbrunnen gebrauchen. Kommt noch auf ein paarmal auf dich zurück – im wahrsten Sinne des Wortes, aber dann ist Ende.«

»Vielleicht bin ich ja wirklich seine große Liebe.«

Käthe B. begriff, dass ihre Beschwörungen und Beteuerungen nicht wirklich verfangen würden. Also entschloss sie sich, zum letzten Mittel zu greifen. »Bitte, wenn du's unbedingt wissen willst: Unsere Abmachung seinerzeit, die gibt's schriftlich.«

»Nicht zu fassen«, sagte Regine noch, dann brach es aus ihr hervor. Obwohl der erdige Wirsinggeruch, perforiert vom Britzeln des ausgelassenen Specks, deutlich penetranter hätte ausfallen können. Sie schaffte es mit Müh und Not noch bis zum Putzeimer, den sie eben hinterm Spülstein gesehen hatte, und gab wieder, was wiederzugeben unumgänglich war. Allerdings hatte sie sich zu weit über den Spülstein hinweg gebeugt, sodass nicht alles, was sie an gebröckeldurchsetzten Säften verließ, den angepeilten Weg fand. Etliches schoss übers Ziel hinaus, kroch zwischen Eimer und Küchenwand schleimig abwärts und verbreitete einen stechenden Geruch, der es mit dem Wirsing problemlos aufnehmen konnte. Was die Sache allerdings nicht unbedingt besser machte, war der Umstand, dass sich hinter besagtem Zinkeimer der schmale Pappkarton mit dem Reisig befand. Ein besonders deshalb so wertvolles Gut, weil es mühselig im Wald aufgelesen worden war, jetzt aber unterm hohen Schnee über Wochen gar nicht aufzufinden sein würde.

Regine begriff sofort die Dimensionen des Debakels, nahm den schmierigen Reisigkasten untern Arm und taumelte in die hinterste Ecke des Gartens, wo sie Ästlein für Ästlein im Gras abwischte, das, soweit es aus dem Schnee lugte, von einer dünnen Eisschicht überzogen war. Und diese stellten die Grashalme widerstandslos als Scheuerpulver zur Verfügung. Als Regine schließlich mit dem nassen Reisig wieder in die Küche kam, um es auf dem Boden rund um den bollernden Herd zum Trocknen auszubreiten, hatte Käthe B. den Übelkübel bereits geleert und redete sofort wieder los, ohne der jungen Frau auch nur eine kurze Verschnaufpause zu gönnen. »Die Schriftlegung unserer Abmachung jedenfalls hat sich in den letzten Jahren als durchaus sinnvoll erwiesen. Für unsere Tochter und mich. Er weiß haargenau, dass ich den Wisch hüte wie meinen Augapfel und dass ich …

»… dass Sie, wenn's hart auf hart kommt«, sekundierte Regine, »diesen Zettel zücken und an die große Glocke …«

»... an die gaaanz große Glocke von sämtlichen noch existierenden katholischen Provinzpostillen, Caritasblättern, Kirchenzeitungen, Kolpingvereinsrundbriefen hängen werde«, übernahm Käthe heftig nickend das Wort. »Und dass so, auf einen Schlag, Michel, der fromm lyraklimpernde Apollon, mitsamt seiner verlogenen Dichterei vernichtet wäre.«

»So was wie 'ne Lebensversicherung«, schüttelte Regine immer noch ungläubig den Kopf.

Und Käthe lächelte spitzbübig. »Eine Überlebensversicherung auf lange Sicht, ein Existenzberechtigungsschein für den Moment.«

Regine stand die bittere Enttäuschung ins blasse Gesicht geschrieben. Die Enttäuschung darüber, dass die Dichtung, mit der Michel B. ja auch sie so romantisch zu umgarnen gewusst hatte, nichts war als eine literarische Fessel, mit der er sich seine Lebemann-Freiheit erkaufte. Das ganze fromme Gesäusel also bloß potemkinsche Dörfer!

Warum auch immer – vielleicht, weil sie, was kommen würde, instinktiv erahnte, vielleicht aber auch, weil sie einen Schatten durch den Garten hatte huschen sehn –, ging Käthe B., Geschäftigkeit vortäuschend, aus der Küche und schloss mit klirrend kaltem Schweigen langsam, ganz langsam die Tür hinter sich.

Regine starrte die ins Schloss fallende Tür verdattert und verbittert an, ohne zu wissen, ob sie das Haus nun verlassen sollte. Das Gespräch war zu Ende, so viel war sicher, aber ... Mit aufgerissenen Augen sah sie aus dem Fenster: Michel! Draußen im Schneegestöber stand mein Großvater und sah sie auffordernd an. Das konnte er haben! Regine warf ihren Mantel über und war kaum vors Haus getreten, als Michel B., ohne lange zu zögern, ihre Hand ergriff. Mit schnellem Schritt verließ er, sie hinter sich herziehend, das Dorf. Erst als draußen auf dem Schneematsch-Acker Husters Scheune in der Ferne zu sehen war, richtete er das Wort an Regine: »Nicht geklappt, was? Trotz diverser Anläufe. Harter Brocken die, sag ich doch.«

Einen Kommentar, den Regine so gar nicht gebrauchen konnte. »Auf jeden Fall fragst du auch jetzt nicht nach mir.«

»Du – stimmt, du hast entbunden, hab ich mir sagen lassen«, lächelte mein Großvater. »Alles gut gegangen?«

Das Lächeln allerdings war wenig geeignet, ihr aufgewühltes Gefühl zu besänftigen. »Auf dein geheucheltes Interesse, Michel Becker, kann dein Kind bestens verzichten«, bockte sie. »Es ist nicht zu fassen. Da predigst du in ich weiß nicht wie vielen Büchern und Theaterstücken gegen das außer- und voreheliche Treiben der Geschlechter. – Hier, deine *Elisabeth*-Schwarte, warte!« Regine zog ein Buch aus der Manteltasche und blätterte aufgeregt darin herum, um endlich eine der Seiten mit Eselsohr aufzuschlagen. »Hier, da lässt du diese Maria Romanowskaja moralinsauer klagen: *»In uns beiden brennt die gemeinsame große Sehnsucht, und aus ihrer Gewalt könnte auch vor der Ehe etwas geschehen, dass ich mir nachher nicht mehr offen und frei in die Augen blicken könnte.«* Impfst der armen Frau diese verdammten Gewissensbisse ein. – Und du? Du! Bist Künstler. Rufer in der Wüsten, in einer Wüste, die du selbst bist, verdammt noch mal.«

Michel B. blickte sie ratlos an. Ihm schienen die Worte ausgegangen zu sein.

Nicht so ihr. »Du dengelst dir in den Helden deiner Bücher die Rechtfertigung dafür zurecht, dass du dich von deiner Gefühlsoße treiben lässt. Wozu Vernunft? Die macht alles so kompliziert. Da muss man ja für fünf Pfennig nachdenken und womöglich auch an andere denken. Nee nee, erst der freie Herzschlag, und dann im Nachgang, wenn man zufällig dazu kommt, kann man vielleicht mal drüber nachdenken, was das hin und her schwabbelnde Herz so alles angestellt hat.«

Sie ließ ihren Tränen freien Lauf, drehte sich energisch um und ließ meinen Großvater im Schneegestöber stehn. Der machte keinerlei Anstalten, ihr zu folgen. Er sah sie durch den Schnee zum Hustert-Hof stapfen. Vermutlich hatte sie das Baby der alten Bäuerin zwei, drei Stunden anvertraut. Für ein paar Groschen, versteht sich. Jetzt jedenfalls würde sie das Kind wieder in Empfang nehmen und sich mit ihm auf den Weg machen. Wohin?

52

Meine Mutter war zu jener Zeit zumindest die Woche über im Mädchenpensionat in Münstereifel, das mit heiligem Eifer von katholischen Nonnen geführt wurde. Eine Schule, die sich die Beckers nur leisten konnten, weil es ihnen gelungen war, den Freiburger Caritasverband zur Übernahme des Schulgelds zu bewegen. Warum ausgerechnet die Caritas im fernen Freiburg ist nicht eindeutig überliefert, Michel B. kannte wohl den dasigen Leiter. Von den Unglückseligkeiten jedenfalls, die meiner Mutter im Münstereifeler Pensionat zugestoßen sein müssen, erzählte sie ausgesprochen wenig. Ich erinnere mich nur an die Geschichte von dem Aufsatz, den sie über Werden und Vergehen von Streichhölzern abzufassen hatte. Wobei sie sich die Perspektive eines einzelnen Streichholzes zu eigen machte. Sie reflektierte also statt der industriellen Produktion und der entsprechenden Gunst für den Volkskörper, sich dieses Utensils massenhaft bedienen zu können, die individuelle Leidensgeschichte eines Stückchens Holz von seinem ersten, noch ganz grünen Wachstumsvergnügen bis zur zertretenen kalten Asche. Und das über vierzehn Heftseiten, wie meine Großmutter immer wieder mit stolz geschwellter Brust beteuerte. Während sich die Deutsch lehrende Nonne hingegen zu einem Kommentar folgenden – leider nicht mehr wörtlich zu rekonstruierenden – Inhalts bemüßigt fühlte: Auch wenn die kleine Ursula einen Vater haben möge, der sich als Schriftsteller verdinge, so solle sie das Fantasieren gefälligst anderen, berufeneren Leuten überlassen und sich auf die sachlich geforderten Notwendigkeiten konzentrieren.

Ansonsten verlegte man sich wohl vor allem darauf, sie bis zum Abwinken in Gottesfürchtigkeit zu unterweisen.

O-Ton 62:
Ursula Land, geb. Becker

Mein Vater und ich, wir haben in der Zeit, nachdem ich aus dem Pensionat raus war und ich Schwierigkeiten mit der Religion hatte, weil das eben alles zu viel war und verkehrt war, viele Gespräche gehabt. Und dann habe ich das auch als schön empfunden, aber irgendwo wusste ich, morgen ist wieder irgendeine Sauerei.

53

Du wagst dich schon wieder hierher?«, mein Großvater sah Steguweit mit schreckgeweiteten Augen an, der ihm ein weiteres Mal aufgelauert hatte.

»Hat 'n bisschen länger gedauert, aber immerhin der erste Teil der geforderten Rückzugsaktion ist mit Bravour erledigt«, krähte Steguweit mit stolzgeschwellter Brust. »Beim Aachener Generalvikar bist du jetzt restlos unten durch, nachdem ich ihm berichten musste, du seist beim Führer selbst in Ungnade gefallen wegen projüdischer Erpressungsmanöver gegenüber einer Amtsperson und …«

»Steguweit, du räudiger Köter, sag, dass das nicht wahr ist, dass du nicht mit dieser Lügengeschichte hausieren gegangen bist und mich um die letzten meiner spärlichen Verdienstmöglichkeiten bringst!«

Aber Steguweit stemmte beide Beine noch fester in die bereits im Mai ausgedörrte Erde des Vorgartens der ›Michelsklause‹, sodass zwei Staubwolken aufstiegen, die sich weder davonwehen noch zerstreuen lassen wollten, noch sich entschließen konnten, wieder zu Boden zu sinken. Sie zogen zwei graugelbe Rauchkringel um Steguweits Knie, bis er schließlich höllenqualmumwabert wie Mephistopheles persönlich dastand und grinsend verkündete: »Kommt noch viel schlimmer, Michel.«

Michel B. ging energischen Schritts auf Steguweit zu und zerrte ihn am hochgeschlagenen Hemdsärmel ins Haus.

»Ich möchte deiner Frau nicht zur Last fallen«, buckelte Steguweit.

»Tu nicht so, als würdest du dir deswegen einen Kopf machen.« Mein Großvater schlug die Haustür zu und manövrierte Steguweit in die Küche. »Ich habe jedenfalls nicht das geringste Bedürfnis, die Chose draußen coram publico zu verhandeln und noch mehr, als es deine Nazis eh schon fertiggebracht haben, zum Straßenthema hier im Dorf zu werden.«

In dem Moment setzte meine Großmutter einen Fuß über die Schwelle der Küche und – erstarrte zur Salzsäule. Musste sie doch in dem Gast, dem sie just einen Malzkaffee hatte aufbrühen und die letzten beiden Stücke des Marmorkuchens anbieten wollen, einen Kerl erkennen, der wahrhaftig jede Freundlichkeit noch viel weniger verdiente als ihr Mann. Sie feuerte zwei Blickblitze ab, auf dass sie in Steguweits Visage zünden und ein loderndes Feuer entfachten möchten, und verließ wortlos den Ort des Geschehens.

»Wir können also ganz offenherzig die Möbel grade rücken«, sagte Michel B., »ich schließe messerscharf, dass du den zweiten Teil unserer Abmachung nicht …«

»Unserer Abmachung?«

»… nicht verabredungsgemäß erledigt hast.«

»Bist du wahnsinnig, Michel, oder naiv?« Steguweit hieb mit seinen filigranen Schreibtischfäustchen auf den wackligen Tisch. »Meinst du, ich ruiniere mich, bloß um deinen abstrusen Vorstellungen von Pietät zu entsprechen? Bloß um das selige Angedenken an einen jüdischen Österreicher zu bewahren? Himmel noch mal, das Buch ist durch, gedruckt, gebunden, kurz vor der Auslieferung. Da werde ich doch nicht, kann ich doch nicht … Um Himmels willen, ich verliere mein Gesicht. Mindestens das.«

»Genau. Das ist das Mindeste, was der Österreicher von dir verlangen kann.«

»Da müsste's schon verdammt dicke kommen, Michel, bis ein Steguweit dermaßen einknickt.«

Mein Großvater war aufgestanden und zog gemessenen Schrittes immer enger werdende Kreise um den Küchentisch. Bis er plötzlich genau hinter Steguweit stehen blieb und ihm die Hand auf die Schulter legte. »Meine Geduld ist am Ende. Pass mal auf: Entweder du ziehst diesen himmelschreienden Roman zurück und lässt die Finger von dieser Schweinerei, oder, wie gesagt, ich bringe die Anzeige auf den Weg und mache das Ganze öffentlich! Und du kannst dich als RSK-Gauleiter getrost einmotten.«

Steguweit lachte hässlich und fügte ein überflüssiges »Dass ich nicht lache« hinzu. »Du stellst dir doch selbst ein Bein, du Blödmann. Du glaubst doch nicht, dass ich dich stillschweigend gewähren lasse.«

»Du hast es in der Hand, diesen Krieg um unser Österreicher-Debakel zu verhindern«, schrie Michel B. ihn aus vollem Hals an.

»Nee, alter Kollege, ich lass es drauf ankommen.« Heinz Steguweit war die Gelassenheit selbst. »Da geh ich erhobenen Hauptes draus hervor, aus dieser Schlammschlacht. Ich, in meiner Position, ich hab ja wohl geringfügig bessere Karten als ein hergelaufener, sowieso missliebiger, weil renitenter Fritze, der nichts als romantische Frömmeleien aufs Papier schnörkelt.«

Das reichte. Michel B. trat mit aller ihm zu Gebote stehenden Kraft gegen die Stuhlbeine, auf denen Steguweit, sich in seiner Überlegenheit sonnend, lässig gewippt hatte. Paaf! Mit sattem Radau flog der Stuhl zur Seite weg. Steguweit schlug auf den Rücken, mit Füßen und Händen wie ein hilfloser Käfer durch die Luft rudernd.

»Du machst dich jetzt vom Acker«, brüllte mein Großvater, »und lässt dich nie wieder blicken! Und sowie dein Buch erscheint, ist die Anzeige raus! Und du bist erledigt. Immerhin ist deine Fallhöhe erheblich größer als meine. Was hab ich schon zu verlieren. – Also verschwinde!«

Doch als Steguweit seine Gliedmaßen so einigermaßen wieder sortiert hatte, halbwegs aufgestanden war und Richtung Tür schwankte, trat Michel B. ihm mit voller Wucht die Beine weg, sodass er ein weiteres Mal die Bodenhaftung verlor. Er schlug der Länge nach hin und warf im Sturz reflexartig den Kopf in den Nacken, als er die Tischkante bedrohlich schnell auf sich zukommen sah. So dröhnte er mit der Brust gegen die Kante, konnte aber sein Kinn vorm Aufschlagen bewahren. Er drückte die linke Hand gegen die schmerzenden Rippen, während die rechte den Griff seiner Aktentasche umklammert hielt. So lange jedenfalls, bis Michel B. mit Schwung auf eben diese Hand trat, dass es nur so krachte. Eine Schnelligkeit in den Bewegungen, die man meinem Großvater – jedenfalls angesichts des Bilds von einem linkischen Hänfling mit zweierlei Händen, das meine Mutter immer von ihm gezeichnet hatte – beim besten Willen nicht zugetraut hätte. Und er sich vermutlich selbst auch nicht. Steguweit jedenfalls jaulte wie ein Welpe. Und sein Widersacher befreite die Tasche aus den gekrümmten Fingern und zerrte sie unter der wimmernden Gestalt hervor.

Michel B., nicht faul, kippte die Aktentasche kurzerhand auf dem Küchenboden aus. Nebst Schlüsseln, Brillenetui, Federmappe und zwei, drei Pappheftern segelte ein Stapel Druckfahnen heraus. Übersät mit lauter Rotstiftnotizen!

»Teufel noch mal, dachte ich's mir doch«, log er, ohne rot zu werden, »dachte ich mir, dass du noch längst nicht fertig bist mit deinem verdammten Österreicher-Konvolut, dass du noch mächtig am Korrigieren bist. Von wegen ›gedruckt und gebunden‹! Du wolltest mich bloß unter Druck setzen. Dass ich Vollidiot zum Kadi renne und mich selbst reinreite, damit du in Ruhe dein Romanskript abgabereif machen kannst, ohne dass ich dir noch in die Quere komme. Damit du auf höchst elegante Weise die Rübe aus der ansonsten meilenweit offen stehenden Schlinge ziehen kannst. Denn der Einzige, der deiner Version widersprechen und dich zumindest der Mitschuld bezichtigen könnte, ist ja über die eigene Anzeige gestolpert und sitzt hinter Gittern.«

»Noch mal: Ich war es, der dazu gedrängt hat, nach dem Österreicher zu sehn. Ich bin also sowieso fein raus. Es geht um dich!«, sagte Steguweit.

»Du weißt ganz genau, dass dieses Argument federleicht wegzupusten ist, höchstens für eine minimale

Strafminderung taugt. Schließlich hast du genau wie wir die Flucht ergriffen, als klar war, wie's um den Österreicher steht. Und der Einzige überhaupt, der bezeugen kann, dass du uns vom Schnapsbüdchen weggelockt hast, ist …« Meinem Großvater blieb das Wort im Hals stecken. Er jappte nach Luft. »… ist Brües.«

»Genau«, triumphierte Steguweit.

»Scheiße Scheiße«, entfuhr es Michel B., »der Sack bezeugt dir natürlich alles, was du brauchst. Eine Nazikrähe hackt der andern kein Auge aus. Der hat genau wie du dieses unsägliche Gelöbnis treuester Gefolgschaft für Hitler unterschrieben und ist strammer Nazi, stimmt's?«

»Genau. Brües und ich, wir müssen nur ein ganz klein wenig die Wahrheit beugen, und …«

»… und schon könnt ihr euch gegenseitig reinwaschen. Braucht nur die Behauptung des jeweils anderen zu stützen, dass ihr damals die ganze Zeit mit großem Nachdruck immer wieder darauf gedrängt hättet, beim Österreicher und seiner Laterne nach dem Rechten zu sehen.«

»Nicht nur das«, Steguweits Laune bekam einen weiteren Schub Luft unter die Flügel. »Du warst es, mein Guter, der die Federchen-Idee hatte und uns zu diesem Irrsinn überredet hat. Und wer wollte denn beweisen, dass Brües und ich, dass wir beide nicht noch hinter dir hergerannt sind nach deiner Flucht von der Todeslaterne, dass wir nicht noch versucht haben, dich, den flüchtigen Hauptverantwortlichen, einzufangen. Und dass du uns aber abgehängt hast und wir uns dabei, blau wie wir waren, im Straßengewürm verfranzt haben, bis jede Hilfe für den armen Österreicher zu spät kam. Alles übrigens schon bald nachzulesen!«

»Unglaublich«, rang mein Großvater nach Luft, »im Handumdrehen hätte ich mich selbst ans Messer geliefert; ein Lamm, das gottergeben zur Schlachtbank trottet. Und du hättest *drei* Fliegen mit einer Klappe geschlagen: hättest dich und Brües zum barmherzigen Samariter stilisiert, ein Heldenepos rausgebracht und deinen Widersacher ausgeschaltet.«

»Du kommst«, Steguweit schnitt ein froschbreites Grinsen durchs Gesicht, »du kommst mal wieder zu spät: Wenn du mich jetzt beim Verlag anschwärzt, die lachen sich schlapp und dich aus. Und wenn du so blöd sein solltest, dich oder mich oder uns anzuzeigen, nachdem das Ding erschienen ist, kannst du auch direkt beim Knast anklopfen. Nein, Michel, war ein reiner Freundschaftsdienst, dass ich dich über das Buch in Kenntnis gesetzt habe. Und natürlich eine Vorsorgemaßnahme, um dich von einer Riesendummheit abzuhalten. Aber jetzt komme ich deiner Aufforderung nach und empfehle mich. Und wenn du auch nur noch ein bisschen Grips in deinem versoffenen, verlebten, leergeschriebenen Schädel hast, dann hältst du die Füße still!« Steguweit rappelte sich auf und ging, ohne weiters Federn zu lassen.

Hinter Michel B.'s Stirn baute sich das mörderische Schreckgespinst seiner jungen Jahre breitbeinig auf und grinste ihn an, als habe sich das ganze Drama erst gestern zugetragen. Das aber versetzte ihm womöglich einen ersten Todesstoß.

Dass Steguweit indes das Buch über den Österreicher auf den Markt brachte, ist nicht überliefert.

54

Ich stolperte bei meiner Großmutter, als sie noch lebte und mir wieder mal stolz »singen Schrieves« präsentierte, über ein Heftchen mit dem Titel: *Marienopfer,* das Michel B. 1946/47 vermutlich aus lange abgehangenem Material zusammenschusterte und an seiner Schreibblockade vorbeischleuste. Ein Textheft für ein kurzes Stück, das vor Andacht und Sanftmut und Demut nur so strotzt. Selbst damals also war er noch ganz der Alte: brachte feierlich fromme Moral zu Papier, um – so der unvermeidliche Umkehrschluss – um eben dieser Moral nicht entsprechen zu müssen, weil nicht zu können. Selbst, als seine Tage längst gezählt waren, soff er, ging, soweit es ihm noch gegeben sein mochte, Liebschaften nach und machte Schulden, ließ seine Familie Familie und Gott einen guten Mann sein. Auch ein Jahr vor seinem Tod hatte er sich noch nicht aus den Verstrickungen seiner Widersprüche befreien können. Er sollte sie mit ins Grab nehmen. Und ohne »singen Schrieves« wären sie vermutlich auch dort unten geblieben.

Sein Tod dann schnitt ihn mir nichts dir nichts aus dem Leben. Er bastelte gerade an Skriptnachbesserungen für sein Schauspiel vom *Mantel unserer lieben Frau,* da schlug sie zu, die Sense. Überraschend und unerwartet. Jedenfalls versichern das die noch erhaltenen Kondolenzbriefe. Auch diese Flucht trat er genauso plötzlich an wie all die anderen.

Meine Mutter erzählte immer wieder gern die Geschichte der Lebensversicherung, die er in jungen Jahren bereits abschloss. Und die ihn vielleicht über Jahrzehnte mit der Hoffnung versorgte, wenigstens durch seinen Tod – einen Selbstmord, dessen muss er sich bewusst gewesen sein, einen Selbstmord würde er eh nicht fertigbringen, also blieb ihm nichts, als ein Leben lang darauf zu warten, dass sich der Tod von selbst, von Natur wegen einstelle, allenfalls beschleunigt durch exzessiven Alkoholzuspruch – wenigstens durch den Tod also seine Familie endlich ökonomisch abzusichern. Auf dem Sterbebett hauchte er meiner Großmutter zu, dass ihn diese Aussicht mit später, doch großer Freude erfülle. Sie jedoch brachte es irgendwie nicht fertig, diese letzte Lüge aufrechtzuerhalten und gestand ihm, dass sie die Versicherungsraten seit Jahren mangels Masse nicht habe einzahlen können. Die Einzahlungsbelege habe sie nur fingiert. Womit denn auch seine letzte Lebensillusion zusammenklappte. Auch sein Tod war nichts wert.

Er trug's wie so oft mit der ihm eigenen Humor-Legierung aus Spott und Zwiespältigkeit. »Dann spiel ich eben noch ein bisschen mit.« Er reckte seine Glieder und stand auf vom Sterbebett. »Lebe ich eben noch ein bisschen. So aus Trotz.« Aber es waren nur noch ein paar Schritte, die er schaffte, dann sackte er in sich zusammen.

O-Ton 63:
Ursula Land, geb. Becker

Was wollte der eigentlich? Das verlorene Paradies wiederfinden. Heile Welt. Das Gottesreich auf Erden aufrichten. Und er so mittendrin, gehökelt und geföke1t, vor allen Unbilden des Lebens bewahrt, so in die Richtung. Wie das Letzte, der Vierzeiler, der auf seinem Grabstein gestanden hatte, wie hieß der noch? »Licht und Blüten – Licht und Blumen, ganz tief in dich hinein« –

»Nimm Sonne, Licht und Blüten,
die alle uns umglühten,
ganz tief in dich hinein.«

Und da hatte meine Mutter ja auch nichts Eiligeres zu tun, als das auf den Grabstein zu bringen. Das war für sie dann der Abschluss.

Und ich? Schreibe ich das alles auf mit exhibitionistischer Genugtuung? Um den Protesten derer zu entgehen, die ich selbst vors Schienbein trete, ins Herz steche. Nach dem Motto: Auch *»ich konnte mein Herz nicht in die Hände nehmen«*, wie's in Michel B.'s *Weg* heißt. Ich hab euch gewarnt. Also kann ich auch die Sau rauslassen und euch auf mein Geschreibsel verweisen. Wenn ihr nicht lesen könnt – kann ich doch nichts für!

Der Persilschein meines Großvaters war seine frömmelnde Moral, die doch alles viel besser wollte. Mein Persilschein ist mein Großvater, der doch alles viel schlechter machte.

Wie's ihn wegtreibt von der geliebten Frau, wie er meint, sich anderweitig verknallt zu haben, und eine bäuerliche Prinzessin in das Mädchen fantasiert. Wie er, während er in Schwärmereien schwelgt, in Gedanken und kleinen Worten seine Rückkehr schon vorbereitet, um sich die zurückgelassene Frau warmzuhalten. *»Es kann sein, dass ich zuweilen später gerne einmal wieder zu dir komme«*, beschreibt er seinen *»Weg«, »aber nun ...«*, nun hat er fürs Erste eine andere im Auge.

Meine Mutter und meine Großmutter haben mir – auf diametral entgegengesetzte Weise – das Wasser im Munde zusammenlaufen lassen, indem sie mir als Knirps von diesem unruhigen Geist erzählten, vergötternd meine Großmutter, verteufelnd meine Mutter. Haben mich auf den Geschmack gebracht. Immerhin war dieser Gottsatan anders als die anderen.

O-Ton 64:

Hans-Michel Becker

Vielleicht ist diese Bezogenheit auf sein Künstlertum einer der Gründe, weshalb er es so schwer gehabt hat. Das hat er ja. Nicht? Ich kann mir also keinen

Menschen vorstellen, der Zeit seines Lebens davon getrieben wird, irgendwelchen Gläubigern ausweichen zu müssen, dass das eine schöne Art ist, sein Leben zu verbringen. Aber die Zeit, wo man mit ihm reden hätte können, die haben wir nicht gehabt. So muss man ihn so lassen, wie er war.

O-Ton 65:
Ursula Land, geb. Becker

Als ich dann nach dem Krieg versuchte, ein eigenes Zimmer zu kriegen, und habe dann mein Gehalt gespart, hab so gut wie nichts ausgegeben und gespart und gespart, um mir dann die nötigen Möbel kaufen zu können. Ich Idiot – gehe ich dann hin und lege das in ein Portmonee unter meine Wäsche, die ich da auf Edgendorf hatte, und komme dahin, und das ist leer geräumt, für Knollenschnaps leer geräumt! Weg! Das sind alles Dinge, also ich könnte noch so tief schürfen und kratzen, ich würde keine Liebe finden können. Als der mich damals beklaut hat, da hat es schweren Trouble gegeben, und da bin ich auch wochenlang nicht mehr nach Edgendorf gefahren, also ich war stinksauer und hab ihm das auch ziemlich deutlich zu verstehen gegeben. Ich habe ihn wohl oft angegriffen, das schon, aber das nützte überhaupt nichts. Schiss hatte ich überhaupt nicht vor ihm. Als ich älter wurde, habe ich ihn gar nicht mehr für voll genommen.

Lange, viel zu lange hab ich einen Notizzettel in meinen Michel-B.-Stapeln links liegen lassen, da ich mir auf die kryptische Botschaft keinen Reim machen konnte: »jüdisches Waisenhaus, Michels Hölle«. Ich wage jetzt endlich den Versuch, den Zettel auf das unerklärlich schnelle Ende seiner militärischen Karriere zu beziehen. Kein Kunststück, sich auszumalen, was sich zugetragen haben mochte.

Michel B. zog mit dem Reservebataillon, dem er zugeteilt war, durch die Gassen irgendeines Eifelstädtchens. Ohne Notiz davon zu nehmen, ging es an einem unscheinbaren Haus unter unscheinbaren Häusern vorbei, einem Heim für jüdische Waisenkinder, das von einem seines Amtes enthobenen Rabbiner unterhalten wurde. Kaum hatte der Trupp das halb verfallene Haus hinter sich gelassen, da griff sich der Kommandant in den Nacken. »Eine Zwille«, schrie er, »da muss einer von diesen lausigen Rotzlümmeln mit einer Zwille geschossen haben! Steine, Nägel, Krampen – der wollte mich umbringen! Das soll er nicht umsonst getan haben. Männer, rächt euren Kommandanten!« Es war die Zeit, da suchten sie noch nach Ausreden und Rechtfertigungen. Und nach besonders geeigneten Betätigungsfeldern.

Das dröhnende Gebrüll war noch nicht verhallt, da hatten alle bis auf meinen Großvater ihr Gewehr von der Schulter gerissen und in Anschlag gebracht, obwohl weit und breit kein Feind auszumachen war, schon gar keiner, der einer Gewehrsalve bedurft hätte. Einige Fußgänger blieben verschüchtert stehn. Ein Schuss flog in die Luft; der Offizier senkte die Waffe und beobachtete zufrieden, wie sämtliche Passanten Reißaus nahmen. In Sekundenschnelle war die Straße vor dem Kinderheim wie ausgestorben. Dann brüllte der Kommandant über die Schulter hinweg: »Becker, Sie schieben Wache! Drei Warnschüsse, wenn irgendein Verdächtiger aufkreuzt. Verstanden?«

Mein Großvater schlug so zackig, als ihm gegeben war, die Hacken zusammen. Dann gab es kein Halten mehr, und die ganze Rotte soldatischer Dilettanten stürmte das Haus mit seinen vielleicht fünfzehn, zwanzig Kindern. Ein Schuss fiel. Mein Großvater wusste: Der hatte dem Rabbi gegolten. Dann passierte länger nichts, und er wurde allmählich unruhig. Von flatternder Neugier getragen, verließ er seinen Posten und schlich ein paar Schritte durch die Durchfahrt hinter dem maroden Tor. Er kam jedoch nicht weit, da bemerkte er eine Bewegung an der Rückseite des Hinterhofs. Michel B. huschte in eine dunkle Mauernische, von wo aus er zwei Drittel des kleinen Innenhofs überblicken konnte. Kaum hatte er sich mit Sturmgepäck, Gewehr und der letzten Fußspitze hinter den Mauervorsprung geduckt, da wurde er gewahr, wie seine »Kameraden« ein Kind nach dem anderen auf den Hof zerrten. Die einen schon im Schlafanzug, die anderen mit freiem Oberkörper offensichtlich aus dem Waschraum gezerrt.

Man stellte die Jammergestalten ordentlich der Größe nach in einer schnurgeraden Reihe auf. Worauf das letzte Kind in der Riege rausgepickt und von zwei Soldaten an Händen und Beinen gepackt wurde. Willenlos, wie eine lebensgroße Wollpuppe, hing der Knirps zwischen den beiden Kerlen, die ihn an seinen Gliedmaßen in die Waagerechte zogen, als wollten sie ihn vierteilen. Das Gesicht nach oben, den Blick in die blutrotglühenden Schäfchenwolken des Abendhimmels, überließ sich der Winzling den groben Händen der beiden muskulösesten Burschen des Bataillons. Wie auf geheime Absprache brachten diese den kleinen Körper schließlich ins Wippen, holten gewissermaßen Schwung, um das Kind nach dem letzten, fast bis zum Erdboden reichenden Ausholen, so hoch es eben ging, in die Luft zu schleudern. Wo es, einige Meter hoch im Zenit der Aufwärtsbewegung – in jenem kurzen Moment der Schwerelosigkeit – von der Kugel des Reserveoffiziers getroffen wurde und endlich auf dem Hofpflaster zu liegen kam. Neben dem Kommandanten stand sein Adjutant und verzeichnete die Einschlagstelle. »Tontaubenschießen!«, lachte der Offizier. »Woll'n doch mal sehn, ob ich nicht 'n anständigen Schützenkönig abgebe. Ich werde die Biester jedenfalls lehren, mit Zwillen auf die Ritter des Führers zu schießen!«

Die Kinder mussten – die Größten, die schon begriffen, was hier gespielt wurden, am längsten – mit ansehn, wie einer ihrer Leidensgenossen nach dem andern vom hinteren Ende der Reihe weggezerrt und seinem Todesflug zugeführt wurde. Die meisten stumm, einige, vor allem die kleinsten, leise wimmernd. Während der Adjutant die Zahl der abgefeuerten Schüsse aufsagte, als gelte es, den aktuellen Spielstand durchzugeben.

Nicht nur die Kinder allerdings mussten ihr Ende mit ansehn, auch mein Großvater von seinem finstren

Beobachtungsposten aus. Nach dem zehnten, elften kleinen Delinquenten wagte er es, eng an die Mauer der Durchfahrt gepresst, zurück auf die Straße zu schleichen, wo er sich wieder vor dem Haus postierte. Und doch, kaum war die Exekution vollzählig und nach den Gesetzen deutscher Gründlichkeit vollstreckt, da rückte der Kommandant – im Schlepptau seine Henkersschergen – an, kniff die Augenlider zu dünnen Schlitzen zusammen und stach mit degenspitzen Blicken in Michel B.'s flatternde Pupillen. »Mir war, Becker, als hätte ich Sie in der Durchfahrt gesehn. Kann das sein?«

Schweigen.

Der Reserveoffizier redete, ohne Michel B. aus den Augen zu lassen, weiter und immer schneller. Ihm, Becker, sei ja wohl klar, sonnenklar, dass er nichts, nicht die Bohne was gesehn habe, denn er habe ja hier vorm Haus die ganze Zeit Wache geschoben. Wolle er nicht, giftete er ins Nicken meines Großvaters hinein, wolle er nicht Gefahr laufen, wegen Ausplauderns staatstragender Dinge, die nicht für ihn und schon gar nicht für die Öffentlichkeit bestimmt waren, als Kanonenfutter in die vordersten Frontreihen entsandt, wenn nicht gleich standrechtlich erschossen zu werden, so schweige er wie ein Grab über diese Entlausungsaktion.

Wie weit nun diese oder eine ähnlich traumatische Erfahrung der wahre Grund dafür war, dass die Bekanntschaft, die mein Großvater mit Werken und Wirken der Wehrmacht machen durfte, ausgesprochen kurz ausfiel, entzieht sich meiner Kenntnis. Allemal plausibler jedenfalls, als dass er ausschließlich wegen der albernen Episode um das im Tunnel abgestellte Gewehr den segensreichen Laufpass bekam.

Auf alle Fälle kam er, wie erwähnt, völlig verstört nach Hause. Und meine Großmutter sah sofort, dass er durch irgendeine Hölle gegangen war. Konnte sich das ganze Ausmaß des Dramas allerdings auch nur zwischen den Zeilen einiger wortkarger, in Fetzen zerstobener Äußerungen erschließen, die er hin und wieder, wenn er ganz sicher war, mit ihr allein zu sein, vom Stapel ließ. Immer wieder wurde damals sein ganzer Körper von markerschütterndem Beben erfasst. An gedankliche Konzentration und Präzision beim Abfassen von Texten, mögen sie noch so verschroben sein, war nicht mehr zu denken. Die betonharte Schreibblockade seiner letzten Jahre war also möglicherweise nicht nur eine Folge der Sauferei, wie meine Mutter– womöglich weil sie es nicht besser wusste – kolportierte.

Mein Großvater ist keineswegs da gestorben, wo er sich Zeit seines Lebens gewünscht hatte zu sterben: in Köln. Dabei hatte er mitten im Krieg Engelgau den Rücken gekehrt und war mit Käthe und Ursel nach Köln gezogen. Während andere Leute aus der Stadt hinauszogen, um vor den Bombenangriffen der Alliierten das Weite zu suchen, zog er hinein. Und doch starb er seinen jämmerlichen, seinen völlig untheatralischen Tod, seinen unbedeutenden Tod quasi im Exil, in der

Nachkriegsevakuierung irgendwo im Erftland, wohin es ihn und seine Familie als Ausgebombte schließlich verschlagen hatte. Wenigstens sein Grab hat man ihm dann nach Köln gelegt. Posthum wurden seine sterblichen Reste zum Melatenfriedhof geschafft, wo man ihn dann endgültig verscharrte.

Laut Aussage meiner Mutter hatte er schon des Längeren an einem Herzfehler gelitten. Und eine daraus resultierende Herzkranzgefäßeverstopfung raffte ihn schließlich dahin.

O-Ton 66:
Hans-Michel Becker

Herzgeschichten? Ich will es mal hart sagen: Lebenswandel! Nicht? Wenn man also so unstet unter diesen Verhältnissen lebt, dann – na ja.

O-Ton 67:
Ursula Land, geb. Becker

Der hatte irgendeinen Herzfehler, das glaube ich bestimmt. Also – ich weiß das alles nicht, meine Mutter hat das ihm immer abgekauft und hat das auch so weitererzählt. Kann ich nicht beurteilen, wie weit auch ihr es in den Kram passte, um ihn jetzt zu pflegen und Grießpäppchen zu kochen, damit der Mann gut schlucken konnte.

Jetzt habe ich ihn, und jetzt ist der von mir abhängig, und jetzt ist er auf mich angewiesen. Dann war heile Welt!

Jahrzehnte später, Anfang Juni 1986, stand mein Abschied von der Großmutter an.

Abschied von ihren kleinen Sätzen, die bleiben werden. Von ihren »Anekdötschen«, die sie wieder und wieder zum Besten gab. Freilich unterm Bäuche haltenden Gelächter ihres Auditoriums aus dem Kreis der Familie. Wir Kinder trieben sie immer wieder auf ein Neues zur Wiederholung der Geschichtchen aus ihren Eifeler Jahren an, die auf uns eine nachgerade exotische Anziehung ausübten. Mit besonderer Vorliebe natürlich die Story vom Plumpsklo. Vom Jüppschen, das das Aufklatschen zu verhindern wusste. Mittels eines, wie sie mehrfach und bei jeder Neuauflage der Geschichte wieder unterstrich, genialen, indes denn doch nur bedingt tauglichen Schachzugs, wie wir wissen.

Abschied vom Vergnügen, wenn sie meinen Großvater mit denkwürdigen Versen wie »*Gute Nacht, ihr Sorgen, leckt mich am Arsch bis morgen!*« zitierte. Die Urheberschaft dieser Lebensweisheit ist allerdings, um der Wahrheit die Ehre zu geben, mitnichten das Verdienst meines Großvaters. Dafür zeichnet aller Wahrscheinlichkeit ein weiser Dichter mit Namen Volksmund verantwortlich. Bei dem folgenden Sinnspruch zur guten Nacht hingegen fällt die Klärung der Autorenfrage eindeutig zu seinen Gunsten aus: »*Schlaf schön bis morgen früh, kacken die Küh!*« Ich sehe keinen Anlass, diese intellektuelle Meisterleistung Michel Becker streitig zu machen. So lange zumindest, bis mir irgendein Sprach- und Sprücheforscher das Gegenteil beweist. Bezeichnend jedenfalls, dass mir diese Verse auch Jahrzehnte später noch geläufig sind, obwohl ich sie doch nie aus dem Mund Michel B.'s selbst gehört habe.

Abschied auch von der legendären Schweinegeschichte, die meine Großmutter mit wachsender Begeisterung zu erzählen und jedes Mal neu auszuschmücken wusste: Wie meine Mutter als junges Mädchen die Sau durchs Dorf treiben musste, genauer gesagt, ein Schwein einige Kilometer weit von Engelgau zum nächstgelegenen Marktflecken bugsieren musste. Die Antwort auf die Frage, wer sie dazu verdonnert hatte und warum sie sich diesem Auftrag nicht widersetzte, wird wohl für immer im Orkus der Historie verschollen bleiben. Für uns Kinder auf alle Fälle eine höchst delikate Vorstellung, wie unsere Mutter schweißgebadet mit einem Stecken auf die Sau eingeprügelt oder wahlweise mit Engelszungen eingeredet haben mag. Wie sich aber das Schwein weder auf diese noch auf jene Art beeindrucken ließ, sondern gleichermaßen störrisch und neugierig seiner Wege, die beileibe nicht die vorgesehenen waren, torkelte. Es ahnte wohl nicht, wohin die Reise ging, machte sich einfach einen Spaß daraus. Den letzten seines Lebens, wie sich rausstellen sollte.

Und Abschied vom hämischen Getratsche über die unterschiedlichsten ortsunkundigen Wandersleut, die mit penetranter Regelmäßigkeit ins Engelgauer Häuschen einzukehren versuchten, da sie das von meinem Großvater in patriarchalischem Eifer angebrachte Schild ›Michelsklause‹ kurzerhand in ›Milchklause‹ umgelesen hatten. Der Durst wird der Vater des fehlgeleiteten Gedanken gewesen sein.

Meine Großmutter hatte sich zeitlebens einen Tod wie die alte Christine in Michel B.'s *Weg* gewünscht. Einen schönen, einen ruhigen Tod, und zwischen den Fingern die Rosenkranzperlen. Als ihr Tod kam, konnte sie an Gott, geschweige denn an den Rosenkranz nicht mehr denken. Ihre Gedanken galten einzig und allein diesem furchtbaren Schmerz, der da an den verschiedensten Stellen in ihrem Leib wütete und gegen den sie nur anzuwimmern und ihre Mutter anzurufen wusste. Auch ihr Tod war weit weniger einfach, als sie ihn sich gewünscht hatte. Ein Kampf, ein zäher.

Aber bei der Gelegenheit hat sie wenigstens noch das Schreien gelernt, kurz vor Toresschluss. Geduld und Scham hatten ein Ende noch schnell vorm Ende ihrer Tage.

Wäre der zerfledderte Brief noch nachzutragen, den ich nach ihrem Tod fand. Meine Mutter hatte mir Käthe B.'s Hinterlassenschaften, soweit sie meinen Großvater betrafen, übergeben, weil sie nicht gewillt sei, wie sie sagte, einen einzigen Blick hineinzuwerfen. Wobei ich mir aus meiner heutigen Perspektive sicher bin, dass es sich dabei nicht um samt und sonders alle Schriftstücke handelte. Das Bündel Liebesbriefe jedenfalls, von dem weiter oben zu lesen war, fehlte in der übereigneten Materialsammlung. Beim Durchblättern also fiel mir dieser reichlich ramponierte Brief in die Hand, den vermutlich am frühen Vormittag des mehrfach erwähnten, feurigen 10. April einer der Engelgauer Messdiener bei Beckers unter der Tür durchgeschoben hatte. Worauf die Schmutzschlieren auf dem Kuvert schließen lassen. In dem Brief jedenfalls stand zu lesen, der Herr Diakon werde sich am Nachmittag einfinden, und man möge bitte die noch ausstehenden Gelder für die Rückzahlung seiner Leihgabe bereithalten. Dies sei der siebte und letzte Versuch, den seinerseits in einem Akt christlicher Nächstenliebe und seelsorgerischer Verantwortung zur Verfügung gestellten nicht gerade unbedeutenden Betrag zurückzubekommen, nachdem die Rückzahlungsfrist ja nun schon seit Wochen überschritten und er, der Diakon, mit seiner der übergroßen Gnade Gottes geschuldeten Geduld am Ende sei. Er werde sich, sollte er das Geld nicht am Nachmittag zurückerhalten, in dieser Sache umgehend an einen Rechtsanwalt wenden. Ein Brief freilich, der meine wüsten Spekulationen zum ungeklärten Herzchenhausbrand selbstredend mächtig befeuerte. Sollte meiner Großmutter der Versuch, dem hartnäckigen Gottesmann in ihrer Verzweiflung einen Denkzettel zu verpassen, aus dem Ruder gelaufen sein? Wo sie sich doch mit der Physik der Explosivkräfte vermutlich nicht sonderlich gut auskannte.

Real existierende Personen:

Michel Hubert Matthias Becker:

- *geboren: 6.6.1895 in Köln*
- *gestorben: 11.12.1948 auf Burg Edgendorf bei Bedburg/Erft, im Alter von 53 Jahren. Als Todesursache war eine Herzkranzgefäßeverstopfung diagnostiziert, die aus einem schon seit Längerem bekannten Herzfehler resultierte. Beerdigungsgebühren laut Beerdigungsschein des Standesamtes Köln: 48 Mark*

Käthe Becker:

- *geb. Kierdorf*
- *geboren: 9.12.1893*
- *ehelichte am 29.2.1924 den anderthalb Jahre jüngeren Michel Becker*
- *gebar 1925 mit 31 Jahren ihr einziges Kind, das überlebt hat: Ursula*
- *Anfang Dezember 1928 kam ihr Sohn Karl Heinrich zur Welt, der aber nur einen Tag lebte. Beerdigungsgebühren laut Empfangsbescheinigung der Registrierkasse: 24 Reichsmark*
- *gestorben: 4.6.1986, im Alter von 92 Jahren*

Ursula Juliane Becker:

- *ihre gemeinsame Tochter*
- *geboren: 16.2.1925 in Kleve*
- *gestorben: 21.11.2001 in Köln*

Hans-Michel Becker:

- *Michel Beckers Sohn aus erster Ehe*
- *geboren: 13.12.1920 in Kleve*
- *gestorben: 6.11.2012 in Köln*

Hildegard Becker:

- *Hans-Michel Beckers Ehefrau*
- *geboren: 22.3.1921*
- *gestorben: 17.2.2014 in Köln*

Heinz Steguweit

- *geboren: 19.3.1897 in Köln*
- *zeitweise Michel Beckers Freund, Schriftsteller*
- *fand von der Katholischen Jugendbewegung zu völkischen Kreisen, trat Monate vor der Machtergreifung 1933 der NSDAP bei, gehörte mit 87 weiteren Schriftstellern zu den Unterzeichnern des an Hitler gerichteten Gelöbnisses treuester Gefolgschaft (Oktober '33), 1934 bis 1945 Landesleiter der Reichsschrifttumskammer für den Gau Köln-Aachen*
- *seine während der NS-Zeit entstandenen Werke wiesen ihn als kompromisslos linientreuen Anhänger der nationalsozialistischen Ideologie aus; er verfasste nach 1945 nur noch unverfängliche Kinder- und Jugendbücher, anspruchslose Laienspiele und Firmenfestschriften*
- *gestorben: 25.5.1964 in Halver/Westfalen*

Otto Brües:

- *geboren: 1. 5.1897 in Krefeld*
- *unterzeichnete wie Steguweit das Schriftsteller-Gelöbnis treuester Gefolgschaft für Adolf Hitler*
- *ab 1937 Mitglied der NSDAP, im Zweiten Weltkrieg Wehrmachtsoffizier*
- *gestorben: 18.4.1967 in Krefeld*

Abt Ildefons Herwegen:

- *geboren: 27.11.1874 in Köln*
- *von 1913 bis zu seinem Tod Abt der Benediktinerabtei Maria Laach*
- *gestorben: 2.9.1946 in Maria Laach in der Eifel*

Oberpfarrer Joseph Geller:

- *geboren: 1877*
- *Pfarrer von St. Kolumba in Köln*
- *Unterstützer Michel Beckers und seiner Familie*
- *gestorben 1958*

Elfriede Kern:

- *geboren Mitte der 1890er Jahre*
- *Verlegerin in Köln (Josef Schaffrath Verlag Köln)*
- *bearbeitete und verlegte unter anderem Jane-Austen-Übersetzungen und englische Ausgaben in den 1930er und -40er Jahren*
- *interviewt im April 1988, wenige Jahre vor ihrem Tod*

Fritz-Peter Linden

ET JIT NET JERANNT 3

Taschenbuch, 208 Seiten
ISBN 978-3-95441-330-0
9,95 EURO

Dritte Lieferung: Der nächste Schub mit Eifel-Einsichten aus dem Trierischen Volksfreund – mehr als 140 Samstagskolumnen von Fritz-Peter Linden. Dieser Band versammelt alle „Einsichten" von November 2013 bis Oktober 2016, ergänzt, wie immer, durch ein paar vermutlich vollkommen unnötige Extras.

Stimmen zum ersten Band:

»... mit einem Schuss Mark Twain und der Gewitztheit und dem intimen Wissen eines Lokalreporters, der sie alle kennt und vor allen Dingen auch sich selbst in allen Anekdoten und Geschichten nicht ausnimmt, sondern sich als einer von denen begreift, die er so trefflich einfühlsam beschreibt.«
Norbert Scheuer (»Überm Rauschen«, »Die Sprache der Vögel«)

»Wer die Eifel und ihre Bewohner kennt, weiß, dass diese kaum etwas mehr lieben, als über sich selbst zu lachen. Dazu haben sie in diesem Buch Gelegenheit genug.«
Stephan Everling, Kölner Stadt-Anzeiger

»Fritz-Peter Linden betreibt für den Trierischen Volksfreund – weitgehend unbemerkt – Qualitätsjournalismus.«
Harry Rowohlt

EDITION EYFALIA

Bernd Imgrund

MEIN HAUS
IN DER EIFEL

Taschenbuch, 240 Seiten
ISBN 978-3-95441-327-0
10,95 EURO

»In der Küche fehlte der Boden. Durch die weggefressenen Dielen lugte der Felsen, auf dem das Haus einst erbaut worden war. Ein Gänseblümchen labte sich am Sonnenlicht, das durch die zerborstenen Scheiben des Sprossenfensters fiel.«

Bernd Imgrund hat sich mit dem Kauf eines alten Hauses in der ländlichen Abgeschiedenheit der Eifel einen Traum erfüllt, den viele Städter träumen. Aber vor dem Vergnügen kommt die Arbeit. Mit Hammer und Meißel macht er sich daran, das alte Haus aus dem Dornröschenschlaf zu erwecken. Manchmal helfen die Tipps seiner neuen Freunde aus der Dorfschänke. Manchmal aber auch nur der Schnaps der Eingeborenen mit dem schier unaussprechlichen Namen »Batralzem«.

Mit augenzwinkerndem Charme beschreibt Bernd Imgrund das Heranreifen einer großen Liebe: zum Landleben, zur Eifel und ihren Bewohnern.

EDITION EYFALIA

EDITION EYFALIA

Manfred Lang und
Ralf Kramp

DIE EIFEL – DAS BESTE

Hardcover, ca. 368 Seiten
mit Lesezeichen und zahlreichen
farbigen Fotografien
ISBN 978-3-95441-329-4
16,95 EURO

Manfred Lang und Ralf Kramp sind Eifeler aus Überzeugung. Sie präsentieren die Literatur ihrer Heimat in all ihrer dichterischen Vielfalt.

Für dieses Lesebuch haben sie sich durch Berge von Gedrucktem gegraben und dabei zahlreiche Schätze gehoben. Große Namen sind darunter: Goethe, Schiller, von Schopenhauer, Hermann Löns, Alfred Andersch, Stefan Andres, Ernest Hemingway und Heinrich Böll. Natürlich dürfen die Eifel-Klassiker wie Clara Viebig, Peter Zirbes, Jakob Kneip, Nanny Lambrecht und Theodor Seidenfaden in einer solchen Sammlung nicht fehlen, aber auch die Großen der Eifeler Gegenwartsliteratur wie Jacques Berndorf, Norbert Scheuer, Heinz Küpper, Mario Adorf oder Ursula Krechel.

Es sind nicht allein klangvolle Namen, die ein Auswahlkriterium für dieses »Best of« der Eifellliteratur waren: Es finden sich auch unvergleichliche Geschichten unbekannterer Verfasser, die in ihren Texten dem zu jeder Jahreszeit inspirierenden Mittelgebirge literarische Denkmäler gesetzt haben, wie zum Beispiel ein Auszug aus dem ersten Eifelkrimi »Das Irrlicht auf dem Eifelmaar« (1941) oder die von Readers Digest preisgekrönte und auch verfilmte Geschichte vom Aufeinandertreffen deutscher und amerikanischer Soldaten in einer Waldhütte während der Ardennenschlacht. Schwülstiges folgt bisweilen auf Schauriges.

Die Herausgeber haben ihre Fundstücke liebevoll arrangiert. Herausgekommen ist ein prachtvolles, bebildertes Buch der lustigen und der leisen Töne, ein Buch der sanften Lyrik und der nüchternen Kriegsliteratur. Ein Buch, das die Eifel feiert, aber auch kritisch hinterfragt. Das Beste eben!